LADUGÄRDSGÄRDET
46
63
61
45
DIPLOMASTADEN
OLM
33
36
38
37
34
35
Waldemarsviken
0
500
1000 m

insel taschenbuch 4735
Silke Bigalke
Stockholm – Lieblingsorte

LIEBLINGSORTE

Insel

STOCKHOLM

SILKE BIGALKE

MIT FOTOGRAFIEN DER AUTORIN

Erste Auflage 2020
insel taschenbuch 4735
Originalausgabe

Vertrieb durch den Suhrkamp Taschenbuch Verlag
Umschlaggestaltung und Layout: Marion Blomeyer, München
Illustrationen: Ryo Takemasa, Tokio
Karten: Peter Palm, Berlin
Satz: Greiner & Reichel, Köln
Druck: CPI – Ebner & Spiegel, Ulm
Printed in Germany
ISBN 978-3-458-36435-1

INHALTSVERZEICHNIS

NORRMALM MIT VASASTADEN

NÖRDLICH VON NORRMALM

SCHÄRENGARTEN

1

U-BAHN-STATION T-CENTRALEN, AUSGANG SERGELS TORG, ALLE LINIEN;
ODER BUS 3 BIS TEGELBACKEN

Der Fuchs und die Fische

HEMLÖS RÄV
STRÖMGATAN, ECKE DROTTNINGGATAN

Die kleine Figur sitzt nicht weit von der Wohnung des Premierministers, er muss auf seinem kurzen Weg ins Büro an ihr vorbei. Zusammengekauert, in Lumpen gehüllt, die ausgelatschten Schuhe auf dem Schoß. Manche werfen beim Vorübergehen Münzen hinein. Der Bettelnde ist nicht größer als ein Kind und er friert, die Decke fest um sich gewickelt. Darunter schauen dunkle Knopfaugen und eine spitze Schnauze hervor. Erst jetzt merkt man, dass hier kein Mensch hockt, sondern ein kleiner, heimatloser Fuchs. *Hemlös räv*, so heißt die Bronzefigur der britischen Bildhauerin Laura Ford.
Die Stockholmer haben sie 2009

per Abstimmung mitten ins reiche Zentrum ihrer Stadt gesetzt, gleich vor die Riksbron, die Brücke, die zum Reichstag führt. Der Regierungssitz Rosenbad liegt nebenan. Viele Politiker müssen auf ihrem Weg ins Parlament den kleinen Bettler passieren. So war es gedacht, damit Stockholm bei all seinem Wohlstand nicht diejenigen vergisst, die weniger haben. Ohne diesen Gedanken wäre der Ort wohl beinahe zu perfekt, mit seinen pastellfarbenen Prachtbauten direkt am Wasser.

Zum Glück gibt es Menschen, die Leben in diese Traum-Kulisse bringen. Da sind nicht nur die Touristen, von denen viele beim kleinen Fuchs stehen bleiben und sich nach dessen Geschichte fragen. Im Sommer buhlen die Straßenverkäufer auf der Brücke um die Besucher. Daneben stehen manchmal die Angler, die darauf hoffen, gleich vor dem Parlament einen Lachs oder Karpfen zu fangen. Der Ort ist günstig, denn unter der Brücke staut ein kleiner Damm das Wasser. Stundenlang stehen sie hier, viele von ihnen sind Zugewanderte. Sie kommen meist aus den Vororten hierher, in denen es ganz anders aussieht als in der teuren Altstadt.

Wenn die Angler an der Riksbron etwas fangen, ist das nicht nur ein tolles Schauspiel, oft verkaufen sie den Fisch gleich dort. Sie leisten dem Fuchs Gesellschaft in seiner Aufgabe, die Leute an das Leben außerhalb des reichen Stadtzentrums zu erinnern.

Gamla Stan

2

U-BAHN (ROTE UND GRÜNE LINIE) BIS GAMLA STAN

Die Sage von Herrn Måns

VÄSTERLÅNGGATAN 24

Die *Västerlånggatan* in Stockholms Altstadt war noch nie ein Geheimtipp, sondern wahrscheinlich schon immer hoffnungslos überlaufen. Dort, wo früher Handwerker ihre Läden hatten, säumen heute Touristenshops mit ihren Elchsocken und Kühlschrankmagneten das Altstadtsträßchen. Auch einige Handwerksläden sind geblieben, man findet hier Schmuck, Bernstein, Mäntel. Es gibt so viel zu entdecken, dass man darüber völlig vergessen kann, sich genauer umzuschauen. Doch es lohnt sich, den Blick von den Schaufenstern wegschweifen zu lassen.

Was würde man sonst nicht alles übersehen: Es beginnt mit den

Trångt & Trevligt
Swedish Handicraft
MONEY CHANGE
REA

gewölbeartigen Tunneln am Anfang der Straße, die auf einen versteckten runden Hof führen. Ein Stück weiter die Västerlånggatan entlang sitzt ein vergoldeter Rabe oben an der Ecke bei der alten Apotheke. Sehenswert ist auch die Hausnummer 29 mit der mittelalterlichen Backsteinfassade in Fischgrätenmuster und den spitzen Fensterbögen im ersten Stock. Oder das reich verzierte Portal von Hausnummer 68. Über einem Fenster hängt der Spruch »An Gottes Segen ist alles gelegen« auf Deutsch. Hinter fast jeder Fassade verbirgt sich eine Geschichte.

Besonders geheimnisvoll sind die beiden Steinreliefs über den Eingängen 24 und 24A. Jedes von ihnen zeigt ein katzenartiges Tier, mehr Marder als Kater, mit beinahe menschlichen Gesichtszügen. Hinter diesen verwitterten Reliefs verbirgt sich die Legende einer glücklosen Schiffsreise: Die Seeleute trieben bei Flaute auf dem Meer. Da warf der Steuermann eine Münze ins Wasser, und plötzlich öffnete sich die See. Eine Frau stieg aus den Fluten empor und bat den Steuermann, einen Brief mit nach Stockholm zu nehmen. Sie würde ihm Wind schicken, doch er müsse ihren Brief sofort nach seiner Ankunft in die Västerlånggatan zu Herrn Måns bringen.

Der Wind wehte und nach fünf Tagen kamen sie im Hafen an. Doch der Steuermann lud erst seine Waren aus, bevor er sich mit dem Brief auf den Weg machte. In der Västerlånggatan sagte man ihm, der einzige Herr Måns im Haus sei ein Kater. Das Tier nahm den Brief, las ihn durch und klagte, dass der Steuermann sein Versprechen gebrochen habe. Es sprang dem Mann ins Gesicht und kratzte ihn zu Tode. Bei seiner Flucht aus dem Haus wurde der Kater zu Stein. Was in dem mysteriösen Brief stand, bleibt sein Geheimnis. Denn dieser war in einer Sprache geschrieben, die niemand anderes lesen konnte.

Wer daran nicht glauben möchte, kann in dem Tier leicht einen Marder sehen, und in dem Relief das Zeichen eines Pelzhändlers. Doch was ist ein namenloses Pelztier schon gegen einen mörderischen Kater.

3

U-BAHN (ROTE UND GRÜNE LINIE) BIS GAMLA STAN

Zahl der Steine

STORTORGET

TIPP

WENN MAN VOM STORTORGET DIE KLEINE STRASSE KÅKBRINKEN BERGAB GEHT, KOMMT MAN LINKS AN DER ECKE ZUR PRÄSTGATAN AN EINEM RUNENSTEIN VORBEI. DIE WIKINGER VERZIERTEN DIESE STEINE MIT SCHRIFTZEICHEN UND ANDEREN ORNAMENTEN, OFT UM AN DIE GROSSEN TATEN VERSTORBENER ZU ERINNERN. DER STEIN IN DER HAUSWAND IST WAHRSCHEINLICH ÄLTER ALS DIE STADT SELBST UND VERMUTLICH ALS BAUMATERIAL HERGEBRACHT WORDEN. EINGEMAUERT IN DIE HÄUSERECKE, KANN MAN IHN LEICHT ÜBERSEHEN. DOCH DIE ALTEN SCHRIFTZEICHEN SIND GUT ERKENNBAR.

Ihre Mauern sind viele Jahrhunderte alt, die Fassaden in fröhlichem Grün, Rot und Gelb gestrichen. Jedes dieser besonderen Häuser hat einen eigenen Namen. Das rote in der Mitte heißt Schantzska Huset. Hier wohnte einst Johan Schantz, königlicher Sekretär von Karl X. Gustav. Schantz ließ das Haus am Stortorget im Jahr 1650 bauen und verpasste ihm nicht nur den typischen Treppengiebel, sondern integrierte auffällige weiße Steine in die rote Fassade. Über diese Steine erzählt man sich bis heute eine echte Geistergeschichte. Demnach sollen sie an das Blutbad erinnern, das den Platz vor der Haustür rot gefärbt hatte – hundertdreißig Jah-

re bevor Schantz mit dem Bau begann.
Aber von Anfang an: Der Stortorget, das heißt übersetzt »Großer Platz«, war schon Mittelpunkt Stockholms, bevor es die Stadt als solche überhaupt gab. Anfangs war er vermutlich nicht mehr als eine Wegkreuzung, bald stand hier ein Markt. Die Menschen trafen sich, um Nachrichten auszutauschen und Verbrecher am Pranger zu sehen. Im Jahr 1520 wurde der Stortorget zum Schauplatz einer Massenhinrichtung, angeordnet durch einen fremden König.
Damals gehörte Schweden zu Dänemark, doch es strebte nach Unabhängigkeit. 1520 zog der dänische König Christian II. deswegen gegen den damaligen schwedischen Reichsverweser in die Schlacht, um das Land zurück unter seine Kontrolle zu bringen. Christian siegte und ging nach Stockholm, um sich krönen zu lassen. Drei Tage dauerten die Feierlichkeiten, zu denen viele schwedische Würdenträger eingeladen waren. Statt des versprochenen Versöhnungsfestes erwartete sie eine böse Überraschung. Am Ende der Feier ließ der dänische König die Tore zur Festhalle verriegeln. Mit Hilfe eines schwedischen Erzbischofs, der viele der Anwesenden als Ketzer verurteilte, richtete er fast hundert Menschen auf dem Stortorget hin.
Der Geistergeschichte um das Schantzska-Haus zufolge ruhen ihre Seelen so lange in Frieden, wie ein weißer Stein in der Fassade an sie erinnert. Wenn aber einer der Steine verschwindet, wird der Geist des Toten, für den er stand, für immer ruhelos durch die Straßen wandern. Da ist es fast beunruhigend, dass jeder beim Zählen auf eine andere Anzahl zu kommen scheint. Wie viele Steine sind es tatsächlich?
Das Schantzska-Haus ist nicht die einzige Erinnerung an das Stockholmer Blutbad von 1520. An der Ecke zur Skomakargatan ist eine Kanonenkugel hoch oben in die Kante des Gebäudes

geschlagen. Angeblich hat diese Kugel den dänischen König Christian II. nur knapp verfehlt, als der spätere schwedische König Gustav Wasa gegen ihn zurückschlug. Aber auch das ist sicher nur eine Legende.
Heute könnte der Platz friedlicher nicht sein, sieht man von den Touristenscharen ab. Im Sommer kühlen sie sich im Schatten des großen Brunnens, von dem vier löwenartige Wesen Wasser speien. Im Winter trinken sie Glögg auf dem Weihnachtsmarkt.

4

U-BAHN (ROTE UND GRÜNE LINIE) BIS GAMLA STAN;
BUS 3 BIS RIDDARHUSTORGET

Ein Junge schaut in den Mond

JÄRNPOJKE
BOLLHUSTÄPPAN

Gamla Stan, Stockholms Altstadt-Insel, ist nicht sehr groß und einigermaßen übersichtlich. Doch immer wieder führen kleine Gassen und Querverbindungen weg von den Hauptwegen, schlüpfen manchmal wie unter Gewölben durch Häuser hindurch oder quetschen sich so eng zwischen ihnen her, dass man sie leicht übersieht. Deswegen gibt es auf dieser überlaufenen kleinen Insel immer wieder versteckte Plätze und ruhige Höfe, die nur wenige Menschen finden. Einer dieser halbverborgenen Orte liegt gleich gegenüber dem Schloss, es ist der Bollhustäppan. Wie der Name verrät, ist dieser Hof nach zwei Gebäuden benannt, in denen früher Ball ge-

spielt wurde. Das größere von ihnen fungierte lange Zeit auch als erstes Theater der Stadt und wurde später abgerissen. Das kleinere dient heute als Finnische Kirche und der Bollhustäppan liegt gleich dahinter.

Unter einem hohen Baum hockt dort ein kleiner Junge aus Eisen, der *Järnpojke*. Er hat die Beine angezogen auf seiner winzigen Pritsche und schaut gedankenverloren in den Himmel. Als der Künstler Liss Eriksson den Järnpojke in den fünfziger Jahren erschaffen hat, dachte er dabei an die schlaflosen Nächte seiner eigenen Kindheit. Der kleine Eisenmann heißt deswegen auch »Junge, der zum Mond schaut«. Er sieht nicht hin, wenn die Besucher ihm Münzen oder Bonbons hinlegen. Es kümmert ihn auch nicht, wenn sie ihm über den kleinen Kopf streicheln. Er glänzt schon golden von den vielen Berührungen. Andere glauben, es bringe Glück, drei Mal um die Figur herum zu laufen.

Die Statue an sich ist nur 15 Zentimeter hoch und vermutlich Stockholms kleinstes öffentliches Kunstwerk. Der Junge sitzt auf einem Sockel, der aussieht, als sei er für eine viel größere Figur gedacht. Der längliche Hof, der hohe Baum, der leere Raum um den Järnpojke herum gehören zum Kunstwerk dazu. Sie lassen den Eisenjungen noch kleiner wirken und den Mond noch weiter weg. Vielleicht kümmern sich deswegen so viele Menschen um ihn, stricken im Winter kleine Schals und Mützen für das blanke Köpfchen, damit er nicht friert. Doch wenn man sich eine Weile ruhig neben ihn setzt, erkennt man, dass er gar nicht verloren ist. Er träumt nur mit der Unbekümmertheit eines Kindes vor sich hin.

5

U-BAHN (ROTE UND GRÜNE LINIE) BIS GAMLA STAN

Das Bad im Weinkeller

STORKYRKOBADET
SVARTMANGATAN 20-22
111 29 STOCKHOLM
TEL. 0046 8 20 90 27
TÄGLICH 17-20.30
WWW.STORKYRKOBADET.SE/EN
ERWACHSENE 60 KRONEN,
KINDER 40 KRONEN,
UNTER 7 JAHRE FREI

Egal, an welchem Wochentag man kommt, die ersten Besucher stehen oft schon in dem unscheinbaren Schulflur. Sie warten darauf, dass sich die Tür zum Keller öffnet. Die Treppe dahinter führt zum Kämmerchen von Olle Svanström. Durch ein kleines Fenster kassiert er die Eintrittspreise und gibt Handtücher aus. Spätestens hier wird man daran erinnert, dass es doch nicht egal ist, an welchem Wochentag man kommt. Im alten *Storkyrkobadet* dürfen montags und donnerstags die Frauen schwimmen, dienstags, freitags und sonntags die Männer. Es ist nur abends geöffnet, denn tagsüber nutzen die Schüler das Bad. Es ist nicht groß. Das Kellerge-

wölbe über dem gekachelten Becken lässt nur erahnen, wie alt dieser Ort tatsächlich ist. Bevor der Pool hier gebaut wurde, lagerten Wein und später Kohlen unter dem alten Kellerbogen. Jetzt schallt leise Musik von der hinteren Ecke des Beckens hinüber.

Im Mittelalter stand ein Kloster an dieser Stelle, später wurde hier eine Schule errichtet. Das heutige Storkyrkobadet baute man Ende der zwanziger Jahre in den Keller. Damals hatten die Menschen in ihren Altstadtwohnungen oft kein fließendes Wasser, erklärt Olle Svanström. Sie kamen in das Kellerbad, um sich zu waschen. Aus dieser Zeit stammen auch die alten Duschen. Die kleinen Porzellan-Wannen stehen dicht in einer Reihe und sind gerade groß genug, um sich hineinzusetzen. Über jeder Wanne hängt eine Brause. Das alles ist so alt und einzigartig, dass es unter Denkmalschutz steht. Das Badehaus sei das älteste in Stockholm, sagt Olle Svanström. »Die Rohre stammen noch von 1928. Die müssen bald renoviert werden.« Dann wird das Bad schließen müssen, aber nur für kurze Zeit.

Als Gamla Stan modernisiert wurde, wollte die Stadt es bereits ganz aufgeben. Eine Gruppe, die sich »Die fröhlichen Bader« nannte, kämpfte 1990 für den Erhalt. Später löste sie ein gemeinnütziger Verein ab, der

»Storkyrkobadarna« heißt. Er hält das Bad bis heute für alle offen. »Es ist so beliebt wegen des sozialen Aspekts«, sagt deren Vizepräsident Olle Svanström. Dieselben Menschen treffen sich hier seit Jahren. Aber auch Fremde sind willkommen.

6

U-BAHN (ROTE UND GRÜNE LINIE) BIS GAMLA STAN

Der Prinz der Gamla Stan

Der Prinz der Gamla Stan sitzt in der hinteren Ecke seines Ladens, man übersieht ihn fast. Er sitzt am kleinen Schreibtisch, vor ihm liegen Quittungsbögen, Fotos und Postkarten. Man fragt sich, wie er überhaupt durchblickt in seinem Laden, diesem ganz eigensinnigen Flohmarkt namens *Eddies Loppis*.

Eddie Grahn verkauft hier alles, was die Leute ihm vorbeibringen oder vor die Tür stellen. Ein System scheint er nicht zu haben, und wenn doch, kommt es nicht gegen das Chaos an. Bücherstapel mischen sich hier mit Küchenutensilien, Kleiderbügel hängen vor Bilderrahmen und die Regale scheinen in den Raum zu wachsen. Irgendwer

EDDIES LOPPIS
SJÄLAGÅRDSGATAN 17
111 31 STOCKHOLM
TÄGLICH 13-19, DI GESCHLOSSEN
TEL. 0046 8 10 30 10

hat hier immer wieder Bretter als Abstellfläche angebaut und unter die Decke gezogen, um etwas draufzulegen. Ein Fahrradkorb voller Kuscheltiere hängt von einem Balken herab.

Die Fenster sind mit Regalen so zugestellt, dass man weder richtig rein- noch rausschauen kann. Es ist wie ein wilder Dschungel aus Schätzen und Kitsch, der im Sommer bis draußen auf die schmale Fußgängerstraße reicht. Man kann einfach nicht wegsehen.

Eddie Grahn wohnt seit 1959 in diesem alten Eckhaus, erzählt er, anfangs allerdings im Keller. Er hatte dort als junger Mann einen Jazzclub und war eine Größe in der Musikszene der Altstadt. Bis heute gilt er als Stockholmer Legende, nicht umsonst nennen sie ihn »Prinz«. In den achtziger Jahren zog er aus dem Keller »ans Licht«, so sagt er das, und eröffnete seinen Flohmarkt.

Es riecht nach Mittagessen, nach Gebratenem und Zwiebeln. Vor allem Küchensachen und Bücher suchten seine Kunden, sagt er, Schuhe und Spielzeug eher nicht so oft. Eddies Loppis ist ein Ort für Leute, die Zeit zum Stöbern haben. Und für alle, die wertschätzen, dass sie hier auch in das bewegte Leben eines Menschen stolpern.

7

U-BAHN (ROTE UND GRÜNE LINIE) BIS GAMLA STAN

Zum Selfie in die Gasse

MÅRTEN TROTZIGS GRÄND

Ein Spalt zwischen zwei Häusern, mehr nicht. Keinen Meter breit ist die *Mårten Trotzigs Gränd* und das macht sie zum Lieblingshintergrund für Fotos vieler Altstadt-Besucher. Denn diese kleine Gasse sieht besonders pittoresk aus. Sie besteht zum größten Teil aus einer Treppe, die zwischen zwei verputzten Hauswänden klemmt, Lampen ragen in den Häuserspalt und manchmal öffnet sich im Sommer eines der Altbaufenster.
An manchen Stellen ist der Durchgang nur 90 Zentimeter breit, nicht genug, um einen Regenschirm zu öffnen oder nebeneinander zu gehen. Trotzdem ein romantischer Ort, wären da nicht die Graffiti-Schmiererei und die

Selfie-Pedanten. Gerade zur Urlaubszeit und am Wochenende bilden sich zuverlässig Touristentrauben vor der Mårten Trotzigs Gränd. Manche Stadtführungen haben sie fest im Programm. Es kommt sogar vor, dass die Touristen vor der Gasse Schlange stehen. Das Handy oder den Fotoapparat in der Hand, warten sie auf einen kurzen, menschenleeren Moment, um die Gasse ganz für sich zu haben.

An anderen Tagen dagegen kann man den kleinen Weg fast übersehen. Wer vom Reichstag kommt, der findet ihn erst am anderen Ende der Västerlånggatan, in der Nähe des Järntorget, des alten Eisenmarktes. Und tatsächlich konnte man ihn einige Jahrzehnte lang gar nicht finden, da war die Gasse zwischen den Häusern verschlossen. Erst 1945 wurde die Treppe renoviert und der Durchgang wieder geöffnet. Der Mann, der ihr ihren heutigen Namen gab, war Deutscher. Herr Marten Traubtzig aus Wittenberg kam 1581 nach Stockholm, so wie viele deutsche Kaufleute vor ihm. Den deutschen Einfluss sieht man nicht nur an der Tyska Kyrka, der Deutschen Kirche, sondern auch an etlichen Schriftzügen über den Eingängen der Kaufmannshäuser. Traubtzig, dessen Name sich für die Schweden offenbar eher wie »Trotzig« angehört hat, handelte mit Eisen und Kupfer und galt als einer der reichsten Stockholmer seiner Zeit. Die Reise zu einem Kupferwerk im Norden kostete ihn 1617 das Leben, vermutlich wurde er ermordet. Dass ausgerechnet Stockholms engste Gasse nach ihm benannt wurde, hält ihn wohl stärker in Erinnerung, als wenn es eine mehrspurige Straße gewesen wäre.

Kungsholmen

8

U-BAHN 10, 11 (BLAUE LINIE) BIS STADSHAGEN; BUS 65 BIS INDUSTRIGATAN

Ein Traum von schmelzender Lakritze

FRYST
KUNGSHOLMS STRAND 167
102 22 STOCKHOLM
TEL. 0046 8653 80 98
MO-SO 12-18
WWW.FRYST.NET ODER AUF FACEBOOK

Lakritz ist die Sorte, die sie immer dahaben in ihrer Eisdiele. Die dunkle Soße, die sie selbst herstellen und ihrer Eiscreme beimischen, schmeckt kräftig lakritzig und ein wenig salzig. Für eine Süßigkeit ein eigenwilliger Geschmack, »man muss sich daran gewöhnen«, sagt Rehné Falkarp. Doch die Schweden wachsen damit auf, deswegen ist Lakritz eine ihrer Lieblingseissorten.

Rehné und Kim-Benjamin Falkarp, Mutter und Sohn, haben die Eisdiele 2013 eröffnet. Zum Glück, muss man sagen. Das Haselnusseis ist hervorragend, Moltebeere schmeckt auf gute Weise ungewöhnlich, die Sorbets sind saftig. Das Lakritzeis ist sowieso

ein Erlebnis, auch für ungeübte Gaumen.

Fryst heißt übersetzt einfach nur »gefroren«. Tatsächlich schneit es draußen gerade dicke weiße Schneeflocken. Doch auch bei diesem Wetter stehen stets einige Kunden im kleinen Verkaufsraum. Eis können die Stockholmer einfach immer essen. Und Fryst gehört längst zu ihren Favoriten, obwohl es etwas abseits liegt.

Die Tür geht auf, ein Lieferant bringt kalte Luft und Kisten mit Milch herein, Orangen, Zitronen und frischen Koriander. Kim-Benjamin Falkarp möchte damit ein wenig herumprobieren. »Unsere Idee ist es, die besten Zutaten zu finden, die man nur irgendwie finden kann, und daraus Eiscreme zu machen«, sagt er. Mit der Eisdiele ist der frühere Banker einem Herzenswunsch gefolgt, seine Mutter ist ohnehin Pâtissière.

Im Winter verkaufen sie Blutorangensorbet und verschiedenes Nusseis. Die besten Haselnüsse haben sie im italienischen Piemont gefunden. Die Eiscreme schmeckt immer anders, je nachdem, wie lange die Nüsse vorher geröstet werden. Eine weitere Wintersorte heißt Semla, sie schmeckt nach Kardamom und Mandeln. Semla ist eigentlich ein typisch schwedisches Gebäck mit süßer Cremefüllung, das es vor allem im Januar und Februar in den Bäckereien gibt.

Im Sommer wird es fruchtiger, Schweden ist ein Beerenland. Kim-Benjamin Falkarp schwärmt noch ein wenig von der schwedischen Himbeere, dann verschwindet er wieder im Hinterzimmer. Dort mischt er gerade eine neue Schüssel Eiscreme.

9

BUS 3, 53 BIS STADSHUSET ODER ZU FUSS VOM HAUPTBAHNHOF (T-CENTRALEN)

Rathaus in Blau und Gold

STADSHUS
HANTVERKARGATAN 1
105 35 STOCKHOLM
TEL. 0046 8 508 290 58
FÜHRUNGEN TÄGLICH 10-15
ZUR VOLLEN STUNDE
WWW.INTERNATIONAL.STOCKHOLM.SE/
THE-CITY-HALL
FÜHRUNG: ERWACHSENE 120 KRONEN,
STUDENTEN/SENIOREN 100 KRONEN

Wenigstens den ersten, äußeren Hof des Stadshus sollte man gesehen haben. Kaum hundert Jahre alt, versucht dieser eigenwillige Bau am Wasser Stockholms früher Geschichte zu gedenken und mischt dabei den romantischen Stil des Nordens mit der Leichtigkeit des Südens. Der offene Säulengang und die Terrasse am Wasser erinnern an einen italienischen Palazzo. Doch um die Ecke liegt das falsche Grab des Birger Jarl, der Stockholm gegründet haben soll. Ein pompöses Kenotaph, eine Grabkammer, absichtlich auf alt getrimmt. Daneben kann man auf den Stufen sitzen, die ins Wasser des Mälarsees führen, und hinüber zur Altstadtinsel schauen. Vor

allem im Sommer ist dieser Hof voller Leben, ganzjährig ist er voller Spielereien.
Im Inneren wirkt der Bau wie eine Bühne, jeder Raum wie eine neue Kulisse. Samstags finden bis zu 60 Hochzeiten im Stadshus statt, die längste Version der Zeremonie dauert drei Minuten.
Den zweiten Hof, den überdachten, bekommt man nur mit Führung zu sehen: Er heißt »Blaue Halle«, weil der Architekt Ragnar Östberg den riesigen Raum blau verputzen und den Menschen das Gefühl geben wollte, tatsächlich draußen zu sitzen. Als die Wände schon hochgezogen waren, gefielen ihm aber die roten Ziegel besser als die blaue Farbe. Die Steine sind auf besondere Weise bearbeitet, damit sie weicher wirken. Und so findet das berühmte Nobelpreis-Dinner jedes Jahr in einer roten »Blauen Halle« statt.
Die Halle wird auch für viele andere Veranstaltungen gebucht. Oft kann man von der Galerie aus dabei zusehen, wie unten Tische und Stühle gerückt werden.
Der nächste Saal gleich nebenan ist allerdings noch exotischer. 18 Millionen Mosaiksteinchen aus Glas und Gold bedecken seine Wände. Sie zeigen Motive der schwedischen Geschichte in byzantinischem Stil, was merkwürdig und doch passend wirkt. Stockholm sitzt als Königin des Mälarsees und gleichzeitig Mittelpunkt an einer Stirnseite des goldenen Saals, links die westliche Welt mit Freiheitsstatue und US-Flagge, rechts die östliche mit Moschee und Sichelmond. Das Mosaik entstand nach dem Ersten Weltkrieg, an dem Schweden nicht beteiligt war.
An der gegenüberliegenden Seite ist ein kleiner Sankt Erik abgebildet, der schwedische König auf einem Pferd. Doch sein Kopf ist nicht zu sehen. Man hatte die verzierte, holzverkleidete Decke nicht bedacht, die in den Raum hängt. Sie schneidet Sankt Erik das Haupt ab. Doch bei all dem Überfluss in diesem reich geschmückten Saal fällt das kaum auf.

10

Sonnenbaden und Mitternachts-plantschen

STOCKHOLMS BADEPLÄTZE

TIPP

WER GENUG DAVON HAT, AUF SPITZE FELSEN ACHTZUGEBEN, ABER TROTZDEM DRAUSSEN SCHWIMMEN MÖCHTE, KANN ZUM BEISPIEL INS ERIKSDALSBADET AUF SÖDERMALM AUSWEICHEN.

Ein Schrei, ein Sprung, ein Platschen. Das junge Mädchen schwimmt nur eine kleine Runde. Dann klettert sie schnell auf den sonnengewärmten Holzsteg zurück. In Stockholm gibt es zahllose kleine Badeplätze, dieser liegt im Süden und heißt *Örnsbergs klippbad.* Ein Holzsteg führt hier um die Klippen von Aspudden. Das Wasser ist zwar auch im Sommer nicht gerade warm. Doch es gibt keinen See, keine Bucht ohne einen Steg, einen Strand, einen Felsen oder wenigstens einen großen Baum, von dem aus man sich ins kühle Nass schwingen kann.

Man muss dafür nicht einmal aus dem Zentrum herausfahren, auch wenn der See Brunnsviken

im Norden oder die Bucht Vinterviken im Süden sehr schöne Badeplätze haben. Selbst mitten in der Innenstadt gehen die Stockholmer ins Wasser. Ihre Heimat ist auf Inseln gebaut, das nasse Element gehört genauso dazu wie der feste Boden. Im Winter kann man häufig auf dem Eis durch die Stadt spazieren. Im Sommer springen die Leichtsinnigen selbst dort in den Mälarsee, wo es im Zentrum weder erlaubt noch ungefährlich ist. Dabei ist der nächste bedenkenlose Badeplatz eigentlich nie weit entfernt. Und die hellen Sommernächte in Schweden verführen zum mitternächtlichen Bad unter freiem Himmel, die Stockholmer Skyline im Hintergrund.

An warmen Sommertagen verlockt die ständige Nähe zum Wasser dazu, den Stadtspaziergang zu unterbrechen und ein paar Meter zu schwimmen. Man kann beispielsweise das Südufer von Kungsholmen entlanglaufen. Dort kommt man nicht nur ständig in Versuchung, in einer der kleinen Buchten mindestens die Füße ins Wasser zu stecken. Der Spazierweg führt auch an zwei sehr unterschiedlichen offiziellen Badeplätzen vorbei. Das familienfreundliche *Smedsuddsbadet* hat einen Strand und eine kleine Liegewiese. Von dort sieht man direkt auf den übrigens auch empfehlenswerten Badestrand der Insel Långholmen gegenüber. Ein Stück weiter liegt das Fredhällsbadet wildromantisch an den Klippen und führt sofort in tieferes Wasser. Es ist daher nur für gute Schwimmer geeignet. An Sommerwochenenden sind gerade diese zentrumsnahen Badeplätze aber oft überlaufen. Dann lohnen sich auch etwas weitere Wege in andere Viertel, etwa nach Vinterviken.

Die meisten Badeplätze liegen im Westen der Stadt, das hat einen Grund. In Stockholms Mitte trifft das salzige Wasser der Ostsee auf das des Mälarsees. Das Seewasser gilt als sauberer. Und wer im Meer schwimmen möchte, der fährt meist lieber raus in den Schärengarten. Aber natürlich sind auch an den Ufern der Insel Djurgården Badende und noch mehr Sonnenbadende zu sehen.

11

BUS 54 BIS HÖGALIDSGATAN, U-BAHN 13, 14 (ROTE LINIE) BIS HORNSTULL

Fesselnde Vergangenheit

LÅNGHOLMEN

Eine kleine Brücke führt wie über einen Kanal von Södermalm auf diese besondere Insel. Im Sommer sind hier beide Ufer mit Booten zugeparkt. Zu dieser Jahreszeit ist Långholmen am lebendigsten. Denn heute dient die Insel keinem anderen Zweck als der Erholung.
Ein kleiner Wanderweg führt am Ufer rund um das langgestreckte, aber hügelige Eiland. Wenn das Wetter schön ist, sitzen hier in jeder Bucht und auf jedem Felsen am Wasser Menschen. Sie sitzen hier mit ihren Büchern oder Laptops auf den Knien. Manche haben Musik mitgebracht, andere ein Picknick. An vielen Stellen kann man baden. An anderen hat man einen einmaligen Aus-

blick auf Kungsholmen und Gamla Stan.

Nicht immer kamen die Menschen freiwillig hierher. Für etwa zweihundertfünfzig Jahre war Långholmen vor allem eines: ein Gefängnis. Dieses dunkle Kapitel begann, als die Stadt 1724 das größte Anwesen auf der Insel übernahm. Ein reicher Bierbrauer hatte es Jahrzehnte zuvor dort gebaut. Nun wurde es in eine Gefängnisspinnerei umgewandelt. Nicht nur Kriminelle, auch Frauen, die bettelten oder obdachlos waren, wurden dort untergebracht. Die Wachen, die sie einfingen, bekamen für jede neue »Arbeitskraft« eine Belohnung. Die unglücklichen Frauen auf der Gefängnisinsel wuschen, kämmten und spannen Wolle. Die Männer raspelten Holz, um die Fäden später zu färben. 1825 zog die Spinnerei um, aber der Knast bleibt. Er war einer der größten in Schweden.

Dass Långholmen heute so grün ist, verdanken die Stockholmer den Häftlingen von damals. Sie begannen vor mehr als zweihundert Jahren damit, die felsige Insel mit Schlamm aus dem Mälarsee zu überdecken und sie mit mehreren tausend Bäumen zu bepflanzen. Der letzte Mensch, der in Schweden hingerichtet wurde, starb als verurteilter Frauenmörder 1910 auf Långholmen. Eine Guillotine war für diese Hinrichtung extra aus Frankreich geliefert worden. Es war

das erste und letzte Mal, dass sie in Schweden benutzt wurde. Das Gefängnis schloss erst 1975 endgültig.
Heute ist das Gebäude ein Hotel und eine Jugendherberge; und natürlich ein Gefängnismuseum. Die Insel ist keine Strafe mehr, sondern ein Idyll. Es gibt Restaurants, Cafés und einen Kajak-Verleih, im Innern der grünen Insel sind kleine Gärten angelegt und dort steht auch eine Freilichtbühne. Ein Besuch ist nicht nur gefahrlos, sondern empfehlenswert.

Rund um Mosebacke

12

U-BAHN (ROTE UND GRÜNE LINIE) BIS SLUSSEN

Was für ein Theater

SÖDRA TEATER UND MOSEBACKETERRASSE
MOSEBACKE TORG 1-3
116 46 STOCKHOLM
TEL. 0046 8531 99 490
PROGRAMM UND ÖFFNUNGSZEITEN UNTER
WWW.SODRATEATERN.COM

»Es war ein Abend Anfang Mai. Der kleine Park oben auf Mosebacke war noch nicht für das Publikum geöffnet.« Um die Mosebacketerrasse zu beschreiben, kann man August Strindberg zitieren. Der begann seinen berühmten Roman *Das rote Zimmer*, eine Gesellschaftssatire, mit einem Kapitel über Stockholm aus der Vogelperspektive:
»Und über Liljeholmen stand die Sonne und warf ganze Strahlenbündel ostwärts. Sie durchdrangen die Rauchsäulen von Bergsund, eilten über den Riddar-Fjord, kletterten zum Kreuz der Riddarholm-Kirche hinauf, warfen sich auf das steile Dach der Tyska-Kirche.«
Der Blick von der Mosebacketer-

rasse über die Altstadt ist noch immer grandios. Dort gibt es heute einen der erstaunlich wenigen Biergärten der Stadt. Derzeit wird die Terrasse renoviert, das Menü erweitert. Das Biergartengefühl soll aber bleiben, sagt Karin Bernhardsson vom Södra Teater. Und die Aussicht bleibt ja sowieso.

Die Terrasse gehört zum Södra Teater, diesem großen, alten Haus auf dem Hügel. Irgendwo in seinem Inneren verbirgt es den alten Theatersaal von 1859, mit vergoldetem Stuck und roten Samtsitzen, mit Balkonen und Kronleuchtern. Nur etwa 400 Gäste passen hinein, die Bühne wird inzwischen vor allem für Konzerte genutzt. Es ist nicht die einzige Bühne in dem riesigen Haus, zu dem verschiedene Säle, sieben Bars, mehrere Terrassen und Balkone gehören. Das gesamte Gebäude steht unter Denkmalschutz. Trotzdem haben auch schon die Red Hot Chili Peppers hier gespielt. Es wird nun überlegt, die Stuhlreihen im alten Theater unten im Theaterparkett abzumontieren, damit Konzertbesucher dort stehen können. »Wir versuchen natürlich, darauf aufzupassen, aber es wäre schade, es nicht zu nutzen. Dafür ist das Haus gebaut worden«, sagt Karin Bernhardsson. Das Haus ist schon für vieles genutzt worden, Theater, Revue, Operette, Rock. Im großen Saal, den sie Södra Bar nennen und der etwas von einem barocken Bankettsaal hat, hängt Dekoration aus dem Opernhaus, in dem einst König Gustav III. ermordet wurde. Heute ist der Saal ein Nachtclub, übrigens mit einer weiteren Terrasse. Daneben liegt die Kristallbar, darüber die Champagnerbar und unten die Stadt.

Die Sonnenstrahlen, schrieb Strindberg, »spielten mit den Wimpeln der Schiffe im Skeppsbro, blinkten auf in den Fenstern des großen Zollhauses, beleuchteten die Wälder von Lidingö und erstarben in einer rosenfarbenen Wolke, weit, weit in der Ferne, wo das Meer liegt«.

13

U-BAHN (GRÜNE UND ROTE LINIE) BIS SLUSSEN

Der Spion und die Seidenweberinnen

K A ALMGRENS SIDENVÄVERI & MUSEUM
REPSLAGARGATAN 15A
118 46 STOCKHOLM
TEL. 0046 8642 56 16
MO-FR 10-16
SA 10-15, SO GESCHLOSSEN
WWW.KASIDEN.SE

Der Erfolg von Knut August Almgren begann mit einer Reise. Und mit waschechter Industriespionage. Im Sommer 1828 fuhr der Schwede ins französische Lyon. Er war im Seidengeschäft tätig und in Lyon saßen Europas führende Seidenproduzenten. Aufmerksam studierte Almgren dort einen neuartigen Webstuhl, den ein Franzose erfunden hatte, den Jacquardwebstuhl. Irgendwie schaffte Almgren es, mehrere Teile dieses Webstuhls in Brandy-Fässern und Obstkisten versteckt nach Stockholm zu schmuggeln. 1833 eröffnete er sein eigenes Unternehmen in Södermalm.

Heute ist seine Seidenweberei eine Art lebendes Museum.

Längst ist es günstiger, Seidenstoffe zu importieren, anstatt sie in Schweden herzustellen. Im 18. Jahrhundert aber förderten Regierung und Königshaus genau das, denn damals waren Luxuswaren aus dem Ausland teuer. Die königliche Familie brauchte Seide für ihre Schlösser, für Tapeten, Möbelbezüge und Kleidung. Man pflanzte sogar Maulbeerbäume ins kalte Stockholm für die Seidenraupenzucht. 1762 gab es bereits 41 Webereien in der Stadt.

Einige Jahrzehnte später also brachte Knut August Almgren den französischen Webstuhl nach Schweden. Man hört ihn heute immer noch klappern: In der großen Fabrikhalle stehen verschiedene Geräte, am Jacquardwebstuhl sitzt Sonja Enbuske. Sie ist die letzte Stockholmerin, die Seidenstoffe auf diese alte Art anfertigt.

Es ist eine recht geräuschvolle Arbeit und sie verlangt vollen Körpereinsatz. Das Geheimnis der Franzosen: Sie haben das Muster für den Stoff auf Lochkarten übertragen, die wie bei einer sehr alten Maschine oben durch den Webstuhl gezogen werden. Eine Lochkarte für jede Reihe. Dafür muss die Weberin mit dem rechten Fuß ein Pedal bedienen. Dann bewegt sie mit dem rechten Arm das Webschiffchen durch die Fäden, mit dem linken kämmt sie nach. Rechter Fuß, rechter Arm, linker Arm, rechter Fuß – es ist ein rhythmisches Rattern, fast als spiele Sonja Enbuske ein sehr großes Instrument. Das Muster, das unter ihren Händen entsteht, zeigt drei hellblaue Kronen.

Die Fabrik von Knut August Almgren war einst der größte Arbeitsplatz für Frauen in der Stadt. Sie hatten feinere Hände und wohl auch mehr Geduld als dic Männer. Die Spezialistinnen blieben oft über viele Jahrzehnte in der Fabrik. Sie webten neben den Stoffen für die Königsfamilie und den verschiedenen Bändern für Adlige und Orden vor allem Kopftücher für die einfachen Stockholmer. Für sie waren diese industriell hergestellten Seidentücher ein Luxusgut, schwarze trugen sie in der Kirche, bunte waren ein beliebtes Hochzeitsgeschenk. 98 000 dieser Seidentücher verkaufte die Fabrik in Södermalm in ihrem besten Jahr.

14

U-BAHN, ROTE UND GRÜNE LINIE BIS SLUSSEN MIT LÄNGEREM FUSSWEG;
ODER BUS 53 BIS ERSTA SJUKHUS

Die Aussicht vom Galgenberg

DIE FJÄLLGATAN

Stigberget war früher Stockholms Galgenberg. Der Ort war so gewählt, dass man die Unglücklichen bereits von Weitem baumeln sehen konnte, zur Abschreckung. Bis heute erinnert eine Straße an dieses gruselige Kapitel, sie ist nach dem Henker Mikael Reissuer benannt. »Mäster Mikael« wurde 1650 selbst hingerichtet – aber das ist eine andere Geschichte.

Die Mäster Mikaels Gata gehörte früher zur Fjällgatan, und um die soll es eigentlich gehen. Die Straße gilt wegen ihres einmaligen Blicks über die Stadt als Stockholms Balkon. Von hier aus sieht man das Ostufer der Altstadt, einen Teil des prächtigen Strandvägen in Östermalm,

TIPP

LECKERES EIS, AUCH ZUM MITNEHMEN, GIBT ES IM CAFÉ IN DER MITTE DER STRASSE. TERRASSE MIT PANORAMABLICK: WWW.FJALLGATAN.COM

Kastellholmen, Djurgården und Saltsjön – den Salzsee –, so heißt die Stockholmer Ostseebucht. Über die Fjällgatan weht ein anderer Wind als um die Hügel im Westen Södermalms, wo die See tatsächlich nur ein See ist, der Mälarsee. An der Brüstung über der Ostsee aber ist die Luft ein wenig rauer, die Möwen schreien hungriger und man spürt die Reiselust. Es fällt nicht schwer, sich die Docks unterhalb der Straße in früheren, geschäftigeren Zeiten vorzustellen. Damals legten hier Handelsschiffe an, statt der behäbigen Touristenfähren von heute.

Wenn man sich umdreht, weg vom grandiosen Stadt-Panorama, wird die besondere Geschichte der Fjällgatan spürbar. Auf der anderen Straßenseite stehen Häuser aus dem 18. Jahrhundert. Die ersten Bewohner dieser hübschen Häuschen aus Holz und Stein waren vermutlich Händler und Kapitäne. Später wohnte Politikerin Anna Lindhagen bis zu ihrem Tod 1941 in Nummer 34. Sie hat sich nicht nur für Frauenrechte eingesetzt, sondern auch dafür, dass die Schönheit Stockholms und seine ursprüngliche Bebauung erhalten bleiben. Ihr sind ein kleines Museum und ein Denkmal gewidmet. Ein Stück weiter, in der Fjällgatan 30, lebte in den sechziger Jahren der Schriftsteller Per Anders Fogelström, der wie kein anderer die Liebe zu Stockholm in seinen Romanen ausdrückte.

Wer schon mal hier ist, sollte sich auch die Parallelstraße anschauen. Die Stigbergsgatan liegt ein wenig den Hügel hinauf. Dort zeugen die letzten alten Holzhäuschen davon, wie das bitterarme Stockholm der Seeleute und Arbeiter damals ausgesehen hat. Das Haus des Blockmachers, *Blockmakarens hus*, steht dort genauso windschief wie einst. Der Mann, der darin wohnte, stellte Holzrollen für Schiffe her, über die mit Seilen die Lasten gehoben wurden. Von der Fjällgatan führt eine Treppe durch einen schmalen Garten hoch zur Stigbergsgatan, die Sista Styverns Trappan. Die ist nicht nach den letzten Stufen zum Galgen benannt. *Styver* hießen früher kleine Münzen; es geht also um den letzten Pfennig. Namensgeber für die Treppe war eine alte Seemannskneipe.

15

U-BAHN (ROTE UND GRÜNE LINIE) BIS SLUSSEN, DANN ZU FUSS

Bitte lächeln

FOTOGRAFISKA
STADSGÅRDSHAMNEN 22
116 45 STOCKHOLM
TEL. 0046 8 50 900 500
SO-MI 9-23
DO-SA 9-1
RESTAURANT: MO-FR 11.30-15,
SA 12-15 UND MO-SA 17-23
CAFÉ: TÄGLICH 9-22
WWW.FOTOGRAFISKA.COM/STO/EN
ERWACHSENE 165 KRONEN, STUDENTEN/SENIOREN 135 KRONEN

TIPP

UNTER DEM DACH DES FOTOGRAFISKA SITZT EINES DER BESTEN RESTAURANTS DER STADT. DIE GERICHTE SIND GRUNDSÄTZLICH VEGETARISCH, FLEISCH KANN MAN DAZUBESTELLEN. DIE GROSSARTIGE AUSSICHT ÜBER DAS WASSER KANN MAN ABER AUCH BLOSS BEI EINEM KAFFEE GENIESSEN.

Der beste Ort für ein Date? In Stockholm gehört das Fotografiska definitiv zur engeren Auswahl, obwohl es ein Museum ist. Das liegt nicht allein daran, dass es an Wochenenden bis nach Mitternacht geöffnet hat. Die Fotos sind oft emotional, manchmal fast intim, weil sie Menschen in extremen Situationen oder mitten in ihrem Leben zeigen. Dazu erzählen die Fotografen häufig in Videos ihre eigene Geschichte.

Meistens gibt es drei Ausstellungen gleichzeitig, die regelmäßig wechseln. Manche sagen deswegen, das Fotografiska sei kein echtes Museum, weil es nichts bewahren, sondern vor allem unterhalten wolle. Die Ausstellungen machen Spaß, und sie machen oft auch nachdenklich. Das Fotografiska zeigt Star-Fotografen wie Annie Leibovitz und Sarah Moon und solche, die gerade erst entdeckt wurden. Es zeigt Strecken mit Modefotos und Prominentenportraits, genauso wie experimentellere Arbeiten. Zwei Beispiele sind Nick Veasey mit seinen Röntgenbildern oder Christian Tagliavini, dessen kunstvoll gestellte Fotos fast wie Gemälde wirken. In mindestens einem Raum führt das Museum die Besucher in ferne Länder. Immer wieder sind Serien darunter wie die mit dem Titel »Smile – and the rest will follow« von Jörgen Hildebrandt, der Kinder und Erwachsene mit Lippenspalte fotografiert hat. Eine gute Mischung also, die einerseits für genug Gesprächsstoff sorgt und es gleichzeitig erlaubt, einfach nur still zu schauen.

Das Fotografiska ist mit seinem Konzept so erfolgreich, dass es nun auch Filialen in London und New York eröffnet. In Stockholm haben sich die beiden Gründer, zwei Brüder, im Jahr 2010 eines der besten Gebäude der Stadt für ihr Museum ausgesucht. Das alte Zollhaus am Hafen in Södermalm, ein großer roter Backsteinbau, steht zwar etwas abseits. Der Fußweg dorthin führt vorbei am Anlegeplatz der großen Fähren, immer am Wasser entlang. Doch der Blick von hier auf die Stadt gehört schon mit zum Ausflug. Das Museum ist fast stets gut besucht. Man kann also auch getrost allein herkommen, ohne sich allein zu fühlen.

SoFo

16

Der wilde Süden der Folkungagatan

WWW.SOFO-STOCKHOLM.SE

TIPP

FÜR GUTE SCHWEDISCHE HAUSMANNSKOST KANN MAN INS KVARNEN GEHEN, AM RAND VON SOFO. DIE KARTE DES MEHR ALS HUNDERT JAHRE ALTEN RESTAURANTS WECHSELT, DOCH KLASSIKER WIE KÖTBULLAR, PYTT I PANNA UND RENTIEREINTOPF SERVIERT ES IMMER. HTTP://WWW.KVARNEN.COM/

Drei Straßen, ein Kult: *SoFo*, so nennen die Stockholmer das Viertel *South of Folkungagatan* in Anlehnung an SoHo in New York. Das ist zwar ziemlich hochgegriffen und sicher mit einem Augenzwinkern erfunden worden. Trotzdem pflegen sie hier seit Jahren das Image, dass die Leute in diesen Straßen besonders locker, die Läden entspannt sind. Und da ist was dran, die Gelassenheit spürbar, die Offenheit auch. Es gibt hier sogar die ein oder andere hässlich bekritzelte Häuserwand im sonst so herausgeputzten Stockholm.

Mit dem neuen Namen kamen immer mehr Geschäfte in die Gegend, Vintage und viel Secondhand, Design und Retro, Anti-

quitäten und Galerien, Buchläden und Handwerk. Es gibt hier Leute, die Schuhe reparieren und Jeanshosen, Menschen, die Kerzen gießen, und wieder andere, die Handy-Apps entwickeln. Kulinarisch findet jeder etwas: Von Burgern über Veganes und Hausmannskost bis zu Sushi und Falafel reicht das Angebot der zahlreichen Cafés und Restaurants. Nach dem Einkaufsbummel sitzt man dann mit einem Softeis auf dem Kunstrasen am Nytorget und lässt sich vom kleinen Springbrunnen in der Mitte nass spritzen, weil sonst jeder Platz besetzt ist. Manchmal gibt es Musik auf der Straße. Es ist nicht der schönste Ort in Stockholm, aber einer mit Flair. Und er hat Geschichte, die alte Häuserreihe gegenüber stammt aus dem 18. Jahrhundert. Damals allerdings war SoFo noch nicht erfunden und die meisten Bewohner Södermalms bettelarm.

Heute besteht SoFo längst nicht mehr nur aus drei Straßenzügen. Auch die Grenzen, Folkungagatan im Norden, Ringvägen im Süden und Götgatan im Westen, verwischen. Auf der Katarina Bangatan gibt es von Frühjahr bis Herbst jeden Samstag einen Markt. Dort kaufen die Stockholmer Gemüse ein, Honig, Brot, Wurst und Blumen. Der Markt ist gut besucht, bodenständig und fast ein wenig spießig. Aber auch das passt irgendwie hierher.

17

U-BAHN 17, 18, 19 (GRÜNE LINIE) BIS MEDBORGARPLATSEN

Design im Quadrat

Södermalm ist die Insel der Designläden und Schmuckhandwerker, der Kreativen und Künstler. Weil viele kleine Unternehmen und Freischaffende darunter sind, schließen sie sich zusammen. Nicht nur, um gemeinsam die Marke SoFo zu stärken, sondern manchmal auch, um sich einen Laden zu teilen.

Die Künstler von *125 Kvadrat* hatten diese Idee vor fünfunddreißig Jahren. Damals hießen sie noch 25 Kvadrat, und die Räume waren entsprechend kleiner. Die Künstler teilen sich die Miete und die Schichten hinter dem Tresen. Gerade ist Schmuckdesigner Burt Edman an der Reihe, er ist seit zehn Jahren dabei. Insgesamt sind sie derzeit 16 Mit-

125 KVADRAT
KOCKSGATAN 17
116 24 STOCKHOLM
TEL. 0046 8640 97 77
DI-FR 11-18, SA-SO 11-16
WWW.125KVADRAT.COM

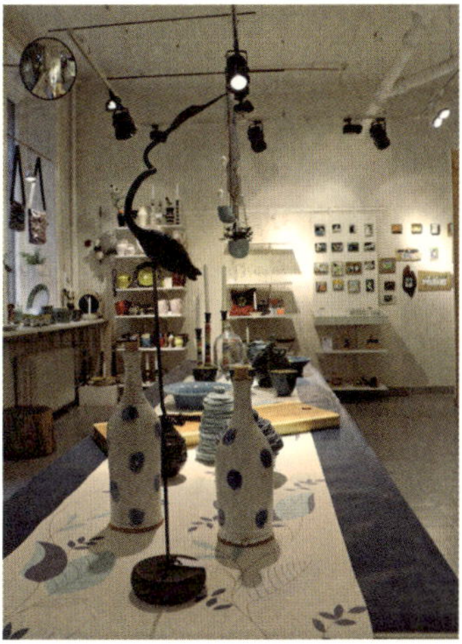

glieder, der Laden böte eigentlich für 22 Kunsthandwerker Platz. An Bewerbungen fehlt es nicht, erklärt Burt Edman. Aber: »Wir sind sehr kleinlich, was die Qualität angeht.« Wer rein will, der müsse etwas vorzeigen, »das man nicht überall kaufen kann«. Die Mitglieder stimmen ganz demokratisch über Neuzugänge ab. An den Wänden hängen Bilder aus Emaille, Landschaften und Vögel. Auf der Fensterbank stehen besonders verarbeitete Messerblöcke aus Holz, allerlei kunstvolle Keramik auf Tischen und daneben Vitrinen mit unterschiedlichem Schmuck. Eine Kinderbuchillustratorin näht Stofftaschen und Kissen mit Grinsekatze, ein Künstler schmiedet Kerzenständer, die sich elegant wie Blütenkelche in die Höhe recken. Eine gemeinsame Linie gibt es nicht, aber alles ist angenehm unaufdringlich. Das Konzept ist zudem etwas persönlicher als beispielsweise in den Läden der Kette Designtorget, die auch skandinavisches Design und Inneneinrichtung verkauft.

Die Gruppe von 125 Kvadrat stellt in einer Ecke ihres Verkaufsraums Künstler aus, die nicht zu ihrer Gemeinschaft gehören. Bis zu sechs verschiedene Ausstellungen gibt es im Jahr. Nicht, um die Werke zu verkaufen, sondern als eine Art Kulturförderung. Und vielleicht auch, um den Laden voll zu kriegen.

18

U-BAHN 17, 18, 19 (GRÜNE LINIE) ZUM MEDBORGARPLATSEN;
Z. B. BUS 2, 3, 53, 76 BIS NYTORGSGATAN

Gute alte Bonbonküche

PÄRLANS KONFEKTYR
NYTORGSGATAN 38
116 40 STOCKHOLM
TEL. 0046 8660 70 10
MO-FR 11-18, SA 11-16
WWW.PARLANSKONFEKTYR.SE

TIPP

DER WOHL BEKANNTESTE STOCKHOLMER BONBON-LADEN HEISST »GAMLA STANS POLKAGRISKOKERI« UND IST IN DER ALTSTADT KÜRZLICH AN EINE NEUE ADRESSE GEZOGEN, IN DIE NYGATAN 44. WWW.GAMLASTANSPOLKAGRISKOKERI.SE

Gemischte Süßigkeiten, *Godis* genannt, gibt es in Schweden in jedem Supermarkt. Meist stehen dort große Regale mit durchsichtigen Fächern und kleinen Plastikschaufeln. Man befüllt dann bunte Papiertüten mit gesalzener Lakritze, Marshmallows in Schokoladenmantel, Weingummi und schwedischen Minzbonbons. Die Auswahl ist groß und farbig, die Tüten wiegt man später wie Obst an der Kasse ab.
Es gibt auch Läden, die weniger auf Masse setzen und mehr aufs Details. *Pärlans Konfektyr* ist einer davon. Eröffnet hat ihn 2010 Lisa Ericson gemeinsam mit Partnerinnen, die eine Vorliebe für Swing-Tanz und die guten alten Zeiten teilten. Der klei-

ne Verkaufsraum ist im Stil der dreißiger Jahre eingerichtet, mit holzverkleideten Wänden und einem großen Fenster zur Bonbonküche nebenan.

Angefangen haben sie mit den weichen Sahne-Karamell-Bonbons, heute verkaufen sie davon zehn verschiedene Sorten. Manche gehören fest zum Sortiment, Schokolade und Zitrone-Vanille beispielsweise. Andere Sorten wechseln mit der Jahreszeit, wie Himbeere und Ananas für den Sommer, Zimt und Safran für den Winter.

»Als wir angefangen haben, haben wir jedes kleine Karamell von Hand eingewickelt«, sagt Emilie Klintecorn, die den Laden managt. Inzwischen haben sie dafür eine Maschine, die original aus den fünfziger Jahren stammt. Die größeren Bonbons schneiden sie noch per Hand. Auch die Schachteln mit mehreren Sorten packen sie selbst. »Manchmal müssen wir einen Kunden fragen, ob er fünf Minuten warten kann, während wir eine Box befüllen.« Um die Weihnachtszeit produzieren sie 7000 Bonbons und 200 Liter Karamellsoße am Tag. Vieles verkaufen sie über andere Händler. Längst haben sie eine zweite Bonbonküche eröffnet, seither können sie das Karamell auch mit Schokolade überziehen. An Wochentagen kann man den Konditoren in der Bonbonküche durch das Ladenfenster bei der Arbeit zusehen.

19

U-BAHN 17, 18, 19 (GRÜNE LINIE) BIS MEDBORGARPLATSEN;
BUS ZUR NYTORGSGATAN, Z. B. LINIE 2, 3, 53

Zwei Bier und eine Partie Pingpong

UGGLAN
NÄRKESGATAN 6
116 40 STOCKHOLM
TEL. 0046 8641 26 26
DI-DO 16-23, FR-SA 16-1
WWW.UGGLANBOULEBAR.SE

Am Ende landen im *Ugglan* alle am Pingpong-Tisch. *Ugglan* heißt »Eule« auf Schwedisch. Und Ugglan heißt auch eine Kellerbar auf Södermalm, eine Art unterirdischer Spielplatz. Hier stehen Klassiker wie Billard, Tischfußball und Flipper, man kann Boule und Darts spielen. Die Stockholmer lieben die Shuffleboard-Tische besonders. Oder man setzt sich im gemütlichen Teil der Bar um ein Brettspiel, die Auswahl ist groß. Später am Abend stehen ohnehin wieder alle am Pingpong-Tisch. Besser gesagt, sie laufen drum herum und versuchen, im Vorbeilaufen irgendwie den Ball zu treffen.
Die Idee hätten sie aus Berlin geklaut, erzählt Ola Lax, der hier

Chef ist. Perfektionistisch, wie die Schweden nun mal sind, haben sie ihren Pingpong-Tisch fürs Ugglan optimiert. Er ist etwas breiter und niedriger als üblich. Vor allem hat er abgerundete Ecken, damit sich beim schnellen Ringelreihen niemand verletzt. Es kann hektisch werden, wenn nur noch wenige Spieler übrig sind. Denn wer den Ball nicht trifft, scheidet aus. »Am besten trinkt man ein oder zwei Bier, bevor man spielt«, sagt Ola Lax, das sei die optimale Voraussetzung. Tatsächlich ist selbst der zurückhaltendste Schwede nach zwei Bier oft wie verwandelt.

Ins Ugglan kommen Studenten genauso wie Banker. »Es ist hier sehr gemischt, was nicht üblich ist in Stockholm«, sagt Ola Lax. Die Stadt sei sonst uniformer, aufgeteilter. Damit hat er recht. Doch der Pingpong-Tisch macht am Ende auch im Ugglan alle irgendwie gleich.

Der bunte Spielkeller hat eine lange Geschichte, wenn man dem Barmanager glaubt. Früher probten in einem Teil des Kellers Rockbands, in einem anderen meditierten Buddhisten, erzählt er. Es habe hier auch mal einen illegalen Pub gegeben. Seine Spiele-Bar ist ganz legal und hat gerade ihren fünfundzwanzigsten Geburtstag gefeiert. Als Geschenk hat die schottische Brauerei BrewDog ihren Graffiti-Künstler ins Ugglan geschickt. Der halbe Pingpong-Raum ist mit Folien abgehängt, es riecht nach Lösungsmittel. Der Künstler steckt noch mitten in der Arbeit, entwirft einen blauen Monsterwurm mit vielen Mäulern.

Ola Lax ist schon jetzt begeistert von dem neuen Bild. Er hat die Bar vor elf Jahren übernommen und noch viele Ideen. Was ihm fehlt? Zum Beispiel eine Monopoly-Version aus Berlin. Vielleicht kann die ihm ja jemand aus Deutschland mitbringen?

Rund um Mariaberget

20

U-BAHN 13, 14 (ROTE LINIE) BIS MARIATORGET

Thors Hammer

MARIATORGET

Ein dramatischer Kampf, der der Sage nach am Rand der Welt stattgefunden hat, ist hier mitten ins friedliche Stockholm gestellt. Es ist der Moment, in dem Donnergott Thor auf seinen Erzfeind trifft. Der Künstler Anders Wissler hat diese Szene in seinem Brunnen auf dem *Mariatorget* festgehalten, dem Marienplatz in Södermalm. Der nordische Gott wirkt dabei fast zu groß für den kleinen Park. Doch die Lebendigkeit dieses Brunnens passt genau hierher.

Der Platz ist wegen seiner hohen Bäume besonders grün und schattig, durch die liebevolle Bepflanzung auch ziemlich bunt. Wahrscheinlich ist er gerade deshalb im Sommer stets voller Menschen. Einst war es ein Markt. Heute verkaufen die einzigen Stände dort Blumen, das trägt zum Charme des Mariatorget nur bei. Ein guter Ort also, um während des Stadtbummels eine Pause einzulegen. Es gibt genügend Cafés in der Nähe, beispielsweise das schicke Rival neben dem gleichnamigen Hotel. Doch wenn die Sonne scheint, schmeckt das Eis auf der Parkbank am besten. Man muss nur einen freien Platz finden.

Oder man setzt sich auf den Brunnenrand und schaut dem Donnergott beim Kampf zu. Der Sage nach fuhr Thor mit dem Riesen Hymir zum Fischen aufs Meer hinaus, nachdem er dessen Speisekammern gelehrt hatte. Mit einem Ochsenkopf als Köder angelte Thor auf dem Meer nach der Midgardschlange, einem drachenartigen Ungeheuer. Die Schlange war so riesig, dass sie die gesamte Welt (*Midgard*) umspannen konnte, und so bösartig, dass sie zu einem ihrer größten Übel zählte.

Sie biss an, und Thor zog das Ungeheuer an die Oberfläche. Doch als er gerade mit seinem magischen Hammer zuschlagen wollte, vermasselte ihm der Riese Hymir alles. Denn vor lauter Schreck schnitt der die Angelleine durch und die Midgardschlange entkam. Der ängstliche Riese fehlt in der Brunnen-Skulptur »Thors Fischzug«. Vielleicht geht die Geschichte auf dem Mariatorget ja besser aus für den Donnergott.

21

U-BAHN 13, 14 NACH MARIATORGET

Straße mit Buckel

HORNSGATSPUCKELN
HORNSGATAN 24-50

TIPP

DIE SCHWEDEN TRINKEN SEHR VIEL KAFFEE, ABER TEE VERSCHMÄHEN SIE DESWEGEN NICHT. DAS TEA CENTRE OF STOCKHOLM VERKAUFT TEE AUS SÖDERMALM UND AUS DER GANZEN WELT. HORNSGATAN 46, WWW.THETEACENTRE.SE

Die *Hornsgatan* ist eine sehr geradlinige, wichtige Straße auf Södermalm. Sie verbindet den quirligen Slussen südlich der Altstadt mit dem relaxten Hornstull im Westen der Insel. Doch es gab eine Zeit, da hatte die Straße einen Schönheitsfehler. Sie führte etwa auf Höhe der Kirche St. Maria Magdalena über einen Buckel und war nicht besonders breit. Beides war für damalige Autos ziemlich mühsam.

Vor mehr als hundert Jahren also beschloss die Stadt eine Schönheitsoperation. Sie verbreiterte die Straße und trug den Hügel auf der neuen Spur ab. Auf der anderen Spur blieb er stehen und ist wegen dieses Querschnitts heute noch sichtbarer als zuvor.

Nun hört sich *Hornsgatspuckeln* (der Hornsgatan-Buckel) nicht besonders edel an, doch die Gegend ist alles andere als schäbig. Auf dem Hügel und in den Seitenstraßen haben sich zahlreiche Kunstgalerien und Läden angesiedelt, die schwedisches Kunsthandwerk verkaufen, Gemälde, Schmuck, Keramik und andere schöne Dinge. Es gibt dort auch einen hübschen Teeladen, der »Söderblandning« verkauft, den dort erfundenen Södermalm-Tee. Wer sich die Preise der exklusiven Galerien nicht leisten kann, für den ist Hornsgatspuckeln zumindest ein schöner Schaufensterbummel. Die meisten Häuser hier sind so alt, dass sie unter Schutz stehen. Auf dem höchsten Punkt des Hügels findet man eines der drei Narrenschiffe des schwedischen Künstlers Sture Collin, ein »Dårarnas båt«.

Es soll dem Narrenschiff von Hieronymus Bosch nachempfunden sein: Ein Schiff halbirrer Insassen segelt dem Untergang entgegen. Das Wasser ist, wie fast überall in Stockholm, auch hier nicht weit. Der Buckel der Hornsgatan ist ein Ausläufer des Stadtviertels Mariaberget. Wer Richtung Norden bergauf geht, kommt bald zur Klippe, die steil zum Mälarsee abfällt. Dort bietet sich dann eines der schönsten Bilder Stockholms: der Blick auf die Altstadt.

22

U-BAHN (GRÜNE UND ROTE LINIE) BIS SLUSSEN

Auf dem Holzweg

MONTELIUSVÄGEN

Slussen ist eine von Stockholms Problemzonen. Der Eingang nach Södermalm wird noch ein paar Jahre eine Großbaustelle bleiben. Danach soll es mehr Ordnung und mehr Platz für Spaziergänger geben. Slussen ist und bleibt ein Nadelöhr, durch das alle durch müssen, Züge, Busse, Autos, Schiffe, Fahrräder und alle, die zu Fuß gehen.

Gleich neben diesem Chaos liegt recht versteckt einer der romantischsten Wege der Stadt. Man muss nur den Mariaberget hinauf und dann ein wenig suchen. Wer Stieg-Larsson-Fan ist, findet dort vielleicht das Apartment von Mikael Blomkvist in der Bellmansgatan 1. Wem das nichts sagt, dem gefallen die al-

ten Steinhäuser und steilen Gassen sicher trotzdem. Viele stammen aus dem 18. Jahrhundert, sie wurden nach dem großen Brand von 1759 gebaut, dem damals die Holzhäuser auf dem Hügel zum Opfer fielen. Manche Gebäude haben heute noch Brandschutzmarken über der Tür, das war ihre Feuerversicherung. Die Feuerwehr löschte dort zuerst.

Der Monteliusvägen verläuft parallel zur Bastugatan, das Hinweisschild ist leicht zu übersehen. Der relativ schmale Weg führt an den Klippen über dem Wasser entlang, oft ist er aus Holz. Er schwebt quasi über dem Herzstück der Stadt. Von hier sieht man das Stadshus mit seinen drei Kronen, man sieht die Insel Riddarholmen, in deren Kirche die schwedischen Könige ruhen, und die Häuser der Altstadt mit ihren marzipanfarbenen Fassaden, die stufigen Giebel mancher Dächer, die spitzen Türmchen der Kirchen mit ihren grünlichen Metallspitzen. Dahinter stehen die modernen Bauten von Norrmalm, aber keine Hochhäuser, die die Skyline stören. Alles wirkt von hier aus ganz harmonisch und Slussen weit weg.

Oberhalb des Monteliusvägen liegt der Ivar Los Park. Den mögen Kinder sehr, weil dort ein schwedisches Dorf samt Kutsche und Pferd aufgebaut ist. Den mögen auch alle anderen, weil er fast denselben Ausblick bietet wie der Panoramaweg selbst.

23

U-BAHN 13, 14 (ROTE LINIE) BIS ZINKENSDAMM

Dem Himmel so nah

SKINNARVIKSBERGET

Wenn sich der Mensch klein vorkommen möchte, dann steigt er auf einen Berg. Denn wer in Ehrfurcht vor der Natur erstarrt, der vergisst seine eigenen kleinlichen Probleme. Der höchste natürliche Punkt in Stockholm ist der *Skinnarviksberget*. Bei seinen 53 Metern kann man nicht gerade von majestätischer Größe sprechen. Doch sie reicht aus, um allerlei Gefühle auszulösen. Denn dieser raue nordische Felsen ragt über einer der schönsten Städte Europas. Und näher kommt man dem Stockholmer Himmel wohl nicht.

Der Skinnarviksberget ist der perfekte Ort für Sonnenuntergangsschauer. Er liegt im Westen von Södermalm und bietet einen

unverstellten Ausblick. Links sieht man die nordische Abendsonne untergehen und rechts leuchtet die Altstadt in deren Licht. Der Berg ist auch ein guter Platz für Freiluftpartys. Dort treffen sich an warmen Sommerabenden junge Stockholmer zum Grillen und Picknicken. Es ist ein Ort für Instagrammer genauso wie für Romantiker. Man kann auch allein herkommen und sich auf den sonnengewärmten Felsen setzen: den steinalten Norden unter dem Hintern, die Bucht Riddarfjärden zu Füßen und die helle Nacht über allem. Das reicht, um manche Sorge zu vergessen.

Benannt ist der Berg vermutlich nach den Gerbern, die an seinem Fuße ihre Tierhäute abzogen und verarbeiteten. Sie brauchten für diese unangenehme, übelriechende Arbeit das Wasser des Mälarsees. Kein sehr romantischer Name, doch der Berg steht natürlich längst für etwas anderes. Für eine besondere Atmosphäre.

Die Sängerin Amanda Mair, Jahrgang 1994, hat diesem Gefühl auf dem Skinnarviksberget einen Song gewidmet: Sie singt davon, dass sie dort mit einer Flasche Wein, einer Decke und einem Geheimnis auf ihren Liebsten wartet, und sie singt von tropischen Nächten in Stockholm und von den blassen Lichtern der Stad: »Up on the hill, up on the hill/You know the one/ Where you first took my hand in your hand. – »Oben auf dem Berg/Du weißt welchem/ Wo du meine Hand zum ersten Mal in deine genommen hast.«

Hornstull und Hägersten

24

U-BAHN 13, 14 (ROTE LINIE) BIS HORNSTULL, BUS 94 BIS HORNSTULL

Kino für jedermann

BIO RIO
HORNSTULLS STRAND 3
117 39 STOCKHOLM
TEL. 0046 8669 95 00
PROGRAMM UND ÖFFNUNGSZEITEN UNTER
WWW.BIORIO.SE

TIPP

DAS ÄLTESTE STOCKHOLMER KINO IST DAS ZITA IN DER BIRGER JARLSGATAN 37. ES HAT ÜBER DIE JAHRE IMMER WIEDER NAMEN UND PROGRAMM GEÄNDERT. HEUTE ZEIGT ES INTERNATIONALE UND OFT AUCH SCHWEDISCHE FILME. WWW.ZITA.SE

Stockholm ist reich an alten Programmkinos, in denen die lange Liebe der Schweden zum Film spürbar wird. Viele von ihnen wurden eröffnet, bevor es die großen Multiplex-Paläste gab. Sie begannen mit nur einem Kinosaal und viel Theateratmosphäre, wie das Skandia und das Sture aus den zwanziger Jahren, das Grand, das Saga und das Rigoletto aus den Dreißigern. Manche bekamen später weitere Säle dazu. An ihren Eingängen leuchten heute oft hellrote geschwungene Neonbuchstaben, ein Markenzeichen der Stockholmer Kinos.

Der Eingang des *Bio Rio* liegt gleich an einer kleinen Straßenecke, man könnte ihn fast über-

sehen, wären nicht diese typischen Neonröhren am Vordach installiert. Als das Kino 1943 eröffnet wurde, beherbergte die Insel vor allem Arbeiterfamilien. Die Idee damals war, ihnen ein schickes Kino zu bieten, das sie sich trotzdem leisten konnten, erklärt der heutige Kinochef Jocke Kellokumpu. Eine große Stockholmer Kinokette eröffnete das Bio Rio damals bewusst in dieser Nachbarschaft. Denn in den wohlhabenderen Vierteln der Stadt gab es bereits schöne Filmhäuser und Theater.

Das Bio Rio liegt nicht weit der U-Bahn-Station Hornstull, die Gegend gilt längst als eine der angesagten Orte der Stadt. In den vierziger Jahren aber war das Rio eines der ersten Kinos mit Bar. Gegenüber dem Tresen hängen die Schwarzweißbilder der Eröffnung. Bis heute darf man im Kino essen und trinken. Vieles andere hat sich geändert, der Besitzer mehrfach gewechselt. Vor einigen Monaten hat die Produktionsfirma übernommen, für die Jocke Kellokumpu arbeitet. Er möchte nun renovieren, das zum Kino gehörende Restaurant erneuern. Im Rio sollen die vierziger Jahre wieder mehr zum Vorschein kommen.

Manches ist aber auch über die Jahrzehnte so geblieben, wie es immer war. Das Bio Rio will weiterhin ein Ort für jedermann sein und versteht sich doch als Programmkino. Im einzigen Saal zeigt es Liveübertragungen von Opern, die vor allem bei Senioren beliebt sind, und Musikfilme zum Mitsingen für die singbegeisterten Stockholmer. Es gibt Vormittagsvorführungen für Eltern, die dann ihre Babys mitbringen dürfen. Und manchmal zeigt Jocke Kellokumpu auch, was er liebevoll als »Nerd-Filme« bezeichnet, japanische Anime, Horror oder Science-Fiction-Filme. Die dürfen ruhig auch schon älter sein, denn echte Fans kommen für sie gerne ins Kino. Sonntags kann man in den Herbst- und Wintermonaten schon zum Frühstück Filme sehen und sein Müsli vor der Leinwand essen.

Am Wochenende zeigt das Bio Rio oft Klassiker. Neben dem neuen Chef hängt ein altes Plakat vom Film *Cinema Paradiso*. Nicht, oder zumindest nicht nur, als Vorbild für das Bio Rio, sondern weil der Film gerade auf dem Programm steht.

25

U-BAHN 13, 14 (ROTE LINIE) BIS HORNSTULL

Der Flohmarkt-Strand

HORNSTULLS MARKNAD
APRIL-SEPTEMBER,
SAMSTAG & SONNTAG 11-17
WWW.HORNSTULLSMARKNAD.SE

Hornstulls Strand, der Name ist nicht nur deswegen gut gewählt, weil dieser Spazierweg gleich am Wasser entlangführt. Im Sommer spürt man hier eine Art Strand-Leichtigkeit, was vielleicht auch an den Liegestühlen liegt, die häufig hier stehen. Gleichzeitig aber hat dieses halb versteckte Sträßchen dann mehr Großstadtflair als die meisten anderen Orte in Stockholm. Sie führt nicht nur vorbei an einem der beliebtesten Nachtclubs, dem *Debaser*, an den Sommerwochenenden verwandelt sich der kleine Uferweg in den lässigsten Straßenflohmarkt der Stadt.
Die Stände stehen unter Bäumen am Wasser, das Angebot ist sehr gemischt, viele Kleidungsstücke,

Secondhand, was die Stockholmer fast immer Vintage nennen, manchmal auch kleine Designer-Stände, Schmuck, Bücher, Schallplatten und das klassische Flohmarktangebot.

Auf dem Hornstulls Marknad findet man auch einige der besten Straßenimbiss-Wagen der Stadt, die Auswahl reicht von Burgern über indisches und anderes exotisches Essen bis zu veganem Kuchen. Entweder setzt man sich mit seinem Kaffee auf einen der bunten Hocker am Ufer oder auf die Holztribüne, die von der Straße runter zum Uferweg führt. Den Markt gibt es nur an den Sommerwochenenden, und er fällt je nach Datum und Wetter unterschiedlich aus, mal mit mehr und mal mit weniger Ständen. Die Stockholmer nehmen das gelassen. Es ist ein Ort für ziellose Bummler, für Falafel zum Frühstück und fürs Wochenendgefühl.

Geht man weiter am Wasser entlang und unter der Brücke hindurch, gelangt man zu den Ausläufern des Tantolunden-Parks, mit Strandbad, Graffiti-Wand, Minigolf und Spielplatz. Ein guter Ort für Familiensonntage. Oder für ein Mittagsschläfchen auf dem Rasen – nach einer Nacht im *Debaser*.

26

U-BAHN 13, 14 (ROTE LINIE) BIS LILJEHOLMEN

Fabrik des Wandels

FÄRGFABRIKEN
LÖVHOLMSBRINKEN 1
117 43 STOCKHOLM
TEL. 0046 8645 07 07
DO 11-19, FR 11-16, SA-SO 11-17
CAFÉ DI-SO 11-16
WWW.FARGFABRIKEN.SE/EN
ERWACHSENE 70 KRONEN,
STUDENTEN/SENIOREN 60 KRONEN

Die *Färgfabrik* ist ein Ort aus der Vergangenheit, an dem man heute über die Zukunft spricht. Die alte Fabrik wird seit mehr als zwanzig Jahren für Ausstellungen genutzt. Das Besondere ist, dass Färgfabriken meist die Stadt zum Thema hat, und damit auch irgendwie sich selbst. Es geht um Urbanität und darum, wie Städte sich verändern. Ein Wandel, den dieses alte Haus in den eigenen Mauern gespürt hat und auch in Zukunft spüren wird.

Ein Hersteller von Waffen und Mähmaschinen hat die Fabrik einst gebaut, im Jahr 1889. Später wurden hier hauptsächlich Farben und Seife produziert. Seit 1970 liegt die Fabrik still. 1995

eröffnete dann die erste Ausstellung. Das spitze Dach über der großen Halle stützt sich auf runde Säulen, die Wände sind roh. Man kann selbst entscheiden, ob das nun sehr alt wirkt oder ganz modern.

Die Kunst unter diesem Dach ist häufig experimentell und oft abseitig. Die Ausstellung »Drone Visions« beispielsweise sammelte Zukunftsvisionen darüber, wie das Leben im Jahr 2047 aussehen könnte. Die Künstlergruppe Numen spannte eine Art riesiges Spinnennetz aus Plastikfolie in der Halle, durch das die Besucher klettern konnten. Oft sind es aber auch Künstler, die sonst nicht zum Zuge kommen. »Das Unsichtbare sichtbar machen«, so beschreibt die Färgfabrik ihr Ziel. Sie arbeitet mit Museen und Unis zusammen, es gibt Diskussionsveranstaltungen und Workshops.

Die Fabrik (*Färg* heißt übrigens Farbe) steht im alten Industriegebiet gleich am Wasser. Schon im neunzehnten Jahrhundert entwickelte sich Liljeholmen zum ersten Vorort Stockholms. Damals siedelte sich immer mehr Industrie an, wurden dort Eisenbahnen repariert, Bier gebraut, Kabel, Zünddrähte, Kerzen und alles Mögliche mehr in Liljeholmen hergestellt. Seit Anfang des zwanzigsten Jahrhunderts gehört der Ort zu Stockholm. Heute bringt die U-Bahn die Leute von hier in nur noch elf Minuten zum Hauptbahnhof. Von Vorort kann also längst keine Rede mehr sein. Deswegen soll nun auch das Industriegebiet mit dem Namen Lövholmen weiterentwickelt und neue Wohnungen gebaut werden. Vieles wird sich verändern und viel wird darüber diskutiert.

Heute nutzen vor allem Künstler das Viertel als Arbeitsplatz. Der Besuch lohnt sich auch, weil der Ort eine andere, unfertige Seite von Stockholm zeigt. Das macht ihn vielleicht besonders kreativ.

27

U-BAHN 13 (ROTE LINIE) BIS ASPUDDEN; U-BAHN 13, 14 (ROTE LINIE) BIS LILJEHOLMEN; VON DORT ZU FUSS

Blumen statt Dynamit

VINTERVIKEN
VINTERVIKSVÄGEN 60
117 65 STOCKHOLM

TIPP

FÜR SPORTBEGEISTERTE: NÖRDLICH DER BUCHT VINTERVIKEN LIEGT EINER VON STOCKHOLMS SCHÖNSTEN BADEPLÄTZEN (VINTERVIKSBADET). ÖSTLICH DES GARTEN-CAFÉS FÜHRT DER SPAZIERWEG AN EINEM OUTDOOR-FITNESSPLATZ VORBEI (VINTERVIKSVÄGEN UTEGYM).

Bevor der Nobelpreis nach ihm benannt wurde, hat Alfred Nobel das Dynamit erfunden. Es hat ihn reich gemacht, doch der Weg dorthin war gefährlich und verlustreich. Auf seinem Landsitz Heleneborg in Södermalm experimentierte er mit dem unberechenbaren Stoff Nitroglycerin, über den man damals wenig wusste. 1864 flog sein Labor in die Luft. Sein jüngerer Bruder Emil und mehrere Mitarbeiter starben bei dem Unglück. Die Stadt Stockholm verbot ihm daraufhin, weiter innerhalb der Stadtgrenzen zu zündeln.

Alfred Nobel zog also an einen abgelegenen Ort, der den friedlichen Namen *Vinterviken* trägt, Winterbucht. Kurz nach dem schrecklichen Unfall baute Nobel dort die erste Fabrik der Welt, die Nitroglycerin kommerziell herstellen sollte. Der Standort war gut gewählt, eingeschlossen von Felsen und nicht weit vom Wasser entfernt. Nobel experimentierte weiter, mischte das flüssige Nitroglycerin mit allem Möglichen, um es berechenbarer zu machen. Erst das pulverförmige Kieselgur brachte die Lösung. 1867 ließ Nobel sein Dynamit patentieren und begann gleich die Produktion in Vinterviken. Es war eine unruhige Zeit für die Bucht. Immer wieder kam es zu Explosionen und immer wieder bauten die Arbeiter neue Anlagen, um die Sicherheit zu erhöhen.

Heute ist der Ort so friedlich wie sein Name und längst nicht mehr so abgeschieden. Die Stadt ist näher an Vinterviken herangerückt. Die alte Fabrik aus rotem Backstein steht noch dort, das Café darin hat ganzjährig geöffnet. Am südlichen Ufer der Winterbucht findet man immer noch Tunnel, die Alfred Nobel für seine Experimente nutzte. Über die Hügel am nördlichen Ufer führen kleine Spazierwege, und viele Stockholmer kommen im Sommer zum Baden hierher.

Am schönsten aber ist der Blumengarten, der von der Bucht aus gesehen Richtung Stadt führt. Den ersten Garten hatten die Behörden in den neunziger Jahren anlegen lassen. Damals beschloss man, das alte Explosionsgebiet schön herzurichten. Kurz darauf übernahm ein gemeinnütziger Verein den Garten und ließ ihn wachsen. Die Mitglieder helfen beim Jäten, aber jeder kann hindurchspazieren. Zum Garten gehört ebenfalls ein kleines Café, das von März bis Oktober öffnet. Dort gibt es manchmal Tanz, Musik und Grillabende, zum Beispiel an Midsommar.

Südlich von Södermalm

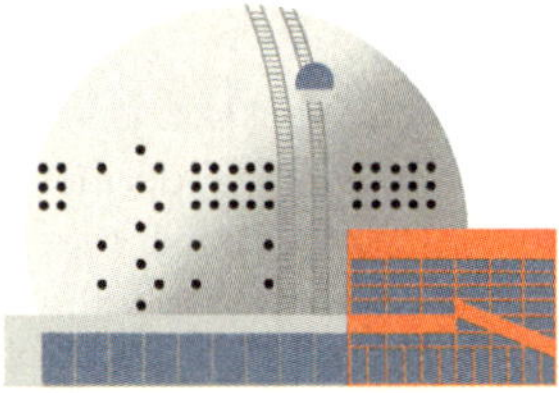

28

U-BAHN 17, 18, 19 (GRÜNE LINIE) BIS SKANSTULL

Party in der Unterwelt

TRÄDGÅRDEN
HAMMARBY SLUSSVÄG 2
118 60 STOCKHOLM
PROGRAMM UND ÖFFNUNGSZEITEN UNTER
WWW.TRADGARDEN.COM

Die Autobrücke im Süden von Södermalm führt mehrspurig, hoch und hässlich über das Wasser. Eine beinahe lebensfeindliche Umgebung. Kaum zu glauben, dass sich genau hier einer der besten Sommernachtclubs der Stadt befindet. Er liegt etwa 30 Meter tiefer als die Straße, unter der Brücke. Dort schmiegt sich der *Trädgården* an deren riesigen Betonpfeiler. *Trädgård* heißt schlicht Garten, doch diese Spielwiese ist mehr wie Alice' Wunderland, bunt, seltsam, aufregend und manchmal ein wenig furchteinflößend.

Vor etwa zehn Jahren haben zwei Stockholmer Veranstalter den Ort bei »Blocket« im Internet gefunden, das ist eine Art schwe-

disches eBay. Sie haben schnell die besondere Atmosphäre erkannt und investiert, zunächst Bars aus Autoreifen gebaut. Seither ist die Idee gewachsen, gewuchert fast. Trädgården ist eine Mischung aus Open-Air-Konzertgelände, Spielplatz, Nachtclub und Biergarten. Ein guter Ort für lange schwedische Nächte, in denen es kaum richtig dunkel wird. Ein guter Ort, um zu tanzen, als gäbe es kein Morgen. Riesige Blüten und weiße Plastikquallen hängen neben Discokugeln vom Himmel. Beleuchtete Kirchenfensterimitationen zieren hoch oben die Brückenpfeiler. Dazu gibt es Burger auf Bierbänken und auch ein vegetarisches Restaurant. Nachmittags kommen manche Gäste mit Kinderwagen. Am frühen Abend scharen sich alle um die Boule-Plätze, Tischtennisplatten und einen Fotoautomaten, wie man ihn sonst in Bahnhöfen findet. Zum Garten gehören auch mehrere Gebäude, manche klemmen geradezu zwischen den Pfeilern. Eine alte Fabrik dient als Nachtclub. Der heißt *Under Bron*, also unter der Brücke, und ist ein wenig düsterer als der bunte Garten draußen. Dafür hat er auch im Winter geöffnet. Ein Gesamtkonzept ist in dieser chaotischen Unterwelt schwer erkennbar. Im Trädgården soll jeder etwas finden, das ihm gefällt.

29

U-BAHN 19 (GRÜNE LINIE) BIS GLOBEN ODER U-BAHN 17, 18 (GRÜNE LINIE) BIS SKÄRMARBRINK

Auf dem Dach der Sonne

GLOBE SKYVIEW
GLOBEN, GLOBENTORGET 2
121 77 STOCKHOLM
TEL. 0046 771 31 00 00
MO-FR 10-18, SA-SO 10-16
WWW.STOCKHOLMLIVE.COM/EN/SKYVIEW/ABOUT-SKYVIEW
160 KRONEN FÜR ERWACHSENE, 120 KRONEN FÜR KINDER ZWISCHEN 5 UND 12 JAHREN

Manche vergleichen die Globe-Arena mit einem gigantischen Golfball, andere mit dem Todesstern von *Star Wars*. Jedenfalls fällt diese weiße, kugelrunde Halle schon von Weitem auf. *Globen*, also der Globus, gilt als größtes sphärisches Gebäude der Welt. Folgerichtig finden die wirklich wichtigen Dinge in Stockholm meist dort statt, wie Eishockeymeisterschaften, Metallica-Konzerte und der bei den Schweden so beliebte Eurovision Song Contest, den Stockholm 2000 und 2016 beherbergen durfte.

Seine Kugelform macht den Globen mit 85 Metern besonders hoch für eine Mehrzweckhalle. Seit einigen Jahren fahren

Tickets
SKYVIEW

zwei Glasgondeln auf Schienen an seiner Außenhülle hinauf. Auf dem höchsten Punkt stoppen die Gondeln für einige Minuten, damit die Passagiere die Aussicht genießen können. Die Fahrt ist nicht billig, aber bei klarem Wetter sieht man die ganze Stadt: Die Insel Djurgården im Nordwesten und den Kaknästornet. Der hohe Funkturm wurde kürzlich für Besucher geschlossen. Im Norden sieht man das rote Stadshus, auch wenn die drei goldenen Kronen auf dessen Spitze aus dieser Entfernung natürlich nicht zu erkennen sind. Südlich vom Globen blickt man auf den Skogskyrkogården herab, Stockholms berühmten Waldfriedhof.

Auf dem Dach der Arena schwebt man nicht nur über Stockholm. Man steht auch mitten in Schwedens ganz eigenem Sonnensystem. Es gilt als größtes maßstabsgetreues Modell der Erde mit dem Globen als Sonne. Die Planeten, die um diese Sonne kreisen, sind über das ganze Land verteilt. Der Merkur steht der Sonne recht nahe und ist im Stockholmer Stadtmuseum am Slussen zu sehen. Die Venus steht im Haus der Wissenschaften (*Vetenskapens Hus*) und die Erde im Naturhistorischen Museum. Für den Mars muss man schon bis Mörby fahren, für den Neptun nach Söderhamn und für den Zwergplaneten Makemake bis nach Göteborg, um nur einige Beispiele zu nennen. Vom Globen aus ist natürlich keine dieser viel kleineren Kugeln zu sehen. Doch der Vergleich mit der Sonne schmeichelt der ungewöhnlichen Halle allemal mehr als die mit einem Todesstern.

30

U-BAHN 17 (GRÜNE LINIE) NACH BAGARMOSSEN, DANN ZU FUSS

Still ruht der See

Vielleicht ist der Winter die beste Zeit, um diesen Ort zu besuchen. Dann sind die Seen im Nacka-Naturschutzgebiet gefroren und eine dicke Schneedecke lässt nicht erkennen, ob man gerade über Wiese oder Wasser spaziert. Ein schmaler Kanal verbindet hier zwei Seen, den Söderbysjön und den Ältasjön. Der Kanal zieht sich malerisch durch Kiefern- und Eichenwald wie durch eine kleine Schlucht.

Im Winter laufen die Stockholmer mit Skiern über Seen und Kanal. Im Sommer spazieren sie über moosige Wege durch den Mischwald am Ufer entlang. Doch nur während der Skisaison weist auf halber Strecke am Kanal ein Hinweisschild auf das

NACKARESERVATET UND DER KANAL
IM EICHENWALD
WWW.GUIDETOSILENCE.ORG

provisorische Wintercafé hin, das eigentlich ein kleines Vereinshaus ist. In der urigen Brotorpsstugan, so heißt das Haus, verkaufen sie an den Winterwochenenden selbstgebackene Waffeln. Das Nacka-Naturschutzgebiet ist kein Touristenmagnet. Es ist ein Ort für den Familienausflug der Stockholmer und gerade das macht ihn sympathisch.

Stockholm ist nicht die größte und schon gar nicht die lauteste Großstadt, aber eine Großstadt gleichwohl. Die Stockholmer sind Meister darin, sich vom Alltagsgetümmel nicht stressen zu lassen. Sie kosten Stockholms wohl größten Reichtum voll aus: die zahlreichen Zufluchtsorte in traumhafter Natur.

Seit einigen Jahren gibt es das Projekt »Guide till tystnaden«, also einen »Guide zur Stille«. Dieser weist besondere Spazierwege in und um Stockholm herum aus. Sie alle führen weg vom Stadtlärm und hoffentlich hin zu innerer Einkehr. Und sie sollen gut angebunden sein. Das Nacka-Naturreservat liegt in Laufdistanz zu mehreren U-Bahn-Stationen. Auf seinen Spazierwegen führt der Guide zur Stille gleich zu mehreren ausgewiesen ruhigen Orten. Der Eichenwald am Kanal *(Ekskogen vid kanalen)* ist einer davon.

31

U-BAHN 18 (GRÜNE LINIE) BIS SKOGSKYRKOGÅRDEN

Ein Ort von Licht und Schatten

SKOGSKYRKOGÅRDEN (WALDFRIEDHOF)
SOCKENVÄGEN
122 33 STOCKHOLM
TEL. 0046 8 508 316 20
TÄGLICH 10-16
WWW.SKOGSKYRKOGARDEN.STOCKHOLM.SE/IN-ENGLISH

Gleich am Eingang liegt ein kleiner Hügel mitten auf einer großen Wiese. Es führt eine Steintreppe hinauf. Jede Stufe ist ein wenig niedriger als die zuvor, um den Weg nach oben hin zu erleichtern. Von diesem Hügel aus sieht man gut, was den Stockholmer Waldfriedhof so besonders macht. Es sind nicht nur seine Kontraste. Es ist die Art und Weise, wie die Architekten die Natur für ihre Ideen genutzt haben.

Da ist erst die große helle Rasenfläche, ausgebleicht durch die Sonne. Dahinter beginnt der hohe, dunkle Nadelwald. Er verbirgt die Trauerhallen und Gedenktafeln. Kein einziges Grab ist von hier zu sehen, dafür Licht

und Schatten, offene Fläche und verschlossener Wald. Ein Symbol für den Übergang vom Leben in den Tod, das eindrucksvoller ist als jedes Friedhofsmonument.
Links vom Hügel steht das Krematorium, ein funktionalistischer Bau aus gelbem Stein, bahnbrechend für seine Zeit. Als es 1940 fertig gestellt wurde, war die Idee, Leichen zu verbrennen, noch gewöhnungsbedürftig. Überhaupt war der Skogskyrkogården der beiden schwedischen Architekten Gunnar Asplund und Sigurd Lewerentz ein Ort der Regelbrüche. Heute ist er UNESCO-Weltkulturerbe. Der berühmte Architekt Asplund starb nur vier Monate nachdem sein Krematorium fertig war. Er war einer der Ersten, die dort eingeäschert wurden.
Der Skogskyrkogården, so seltsam das klingt, steckt voller Geschichten. Einerseits strahlt der Ort diese große Ruhe aus, wie es nur Friedhöfe können. Nichts ist erzwungen. Gebäude und Grabsteine fügen sich quasi lautlos in einen Wald ein, der schon lange vor Baubeginn 1917 hier stand. Andererseits gehören einige der Friedhofskapellen zu den seltsamsten Gebäuden Stockholms. Die älteste ist Asplunds Waldkapelle von 1920. Versteckt zwischen Bäumen, erscheint sie zunächst denkbar schlicht. Ein dunkles, spitzes Dach ruht auf weißen Holzsäulen. Drinnen ist gerade genug Platz für einen Stuhlkreis. Die Leichenhalle ist ausgelagert, die Särge warten in einem Erdkeller neben der Kapelle.
Wer näher hinsieht, erkennt den Humor des Architekten. Den Schlüssel zur Waldkapelle steckt man ins Auge eines Totenkopfs. Und über dem Eingang hängt der kleine Engel des Todes, eine Bronzefigur des Künstlers Carl Milles. Barbusig, frivol und mit ausgebreiteten Armen schaut er auf die Trauernden herab. Damals sorgte die Figur für einige Aufregung. Sie zeigt, wie viel Leben selbst im Tod stecken kann.
Ganz anders, aber nicht weniger besonders, ist die Auferstehungskapelle, Uppståndelsekapellet, von Sigurd Lewerentz. Sie steht am Ende eines langen Pfades, der sich wie eine schmale Schlucht schnurgerade durch den Wald schlägt. Den Sju brunnars stig, Sieben-Brunnen-Weg, säumen erst Birken, dann Kiefern, später hohe Tannen. Dadurch wird es immer dunkler um die Trauernden, während sie auf die Kapelle zulaufen.
Von diesem Weg aus, also von Norden kommend, treten sie direkt in die Kapelle ein. So wollte es Architekt Lewerentz, doch sein Plan widersprach der christ-

lichen Ausrichtung einer Kirche nach Osten. An diese musste sich Lewerentz zwar letztlich halten. Er war aber stur genug, den Eingang trotzdem an die Nordseite zu bauen. Dieser wirkt nun nicht nur viel zu groß mit seinen zwölf Steinsäulen. Der Eingang liegt auch merkwürdig seitlich am Gebäude.

Djurgården

32

TRAM 7

Coffee and go

CAFÉ-WAGEN
SA-SO 11-18
ERWACHSENE 35 KRONEN,
KINDER 20 KRONEN, UNTER 7 JAHRE FREI
ZEITPLAN UNTER WWW.DJURGARDSLINJEN.SE/DE/CAFEWAGEN

Hauptziel vieler Besucher in Stockholm ist die Insel Djurgården, auf der sich die beliebtesten Museen versammeln. Das spektakuläre Vasa-Museum steht dort mit seinem einst versunkenen Schlachtschiff. Das traditionsreiche Freilichtmuseum Skansen mit den historischen Häusern und nordischen Tieren nimmt einen großen Teil der Insel ein. Das verspielte Abba-Museum liegt gegenüber. Das eindrucksvolle Nordiska Museet steht wie ein Palast am Eingang der Insel, es zeigt Schwedens Kulturgeschichte.
Zu all diesen Museen führt die Tram-Linie Nummer 7. Es ist quasi die Königsstrecke Stockholms, denn die Bahn fährt nicht

nur über die grüne Park-Insel Djurgården, übersetzt Tiergarten. Auf dem Weg dorthin führen die Schienen den prächtigen Strandvägen in Östermalm entlang, mit den schlossartigen Häusern auf der einen Seite und den Segelschiffen auf der anderen.

Auf dieser Strecke fahren die wenigsten Menschen zur Arbeit und die meisten zum Vergnügen, etwa ins Museum oder in den Park. Die Mitarbeiter des Verkehrsunternehmens haben sich daher vor fünfundzwanzig Jahren etwas Besonderes ausgedacht und eine Café-Tram unter die normalen Linienwagen geschmuggelt. Der Wagen Nummer 618 ist eine alte, umgebaute Bahn.

Man erkennt sie leicht an der riesigen Tasse auf dem Dach. Drinnen gibt es Tische mit Blümchenvasen darauf und Gardinen vor den Fenstern. Eine Bedienung schenkt Getränke aus und verteilt schwedisches Gebäck oder Sandwiches. Im Sommer gibt es Eis und im Winter Glögg. Der Fahrplan für den Café-Wagen hängt an den Haltestellen aus. Gäste dürfen so lange sitzen bleiben, bis sie aufgegessen haben oder angekommen sind, und wenn nicht viel los ist, gerne auch länger. Trotz aller Gemütlichkeit hat die Bahn etwas vom Charme des öffentlichen Personennahverkehrs behalten. Die Bedienung kassiert nicht nur für den Kaffee, sie verkauft auch die Fahrtickets. Im Café-Wagen sind die normalen Fahrkarten nicht gültig.

33

TRAM 7 BIS BELLMANSRO

Picknick unter Apfelbäumen

ROSENDALS TRÄDGÅRD
ROSENDALSVÄGEN 38
115 21 STOCKHOLM
APRIL-SEPTEMBER TÄGLICH 11-17,
OKTOBER-DEZEMBER 11-16,
FEBRUAR-MÄRZ 11-16
WWW.ROSENDALSTRADGARD.SE

Hat man die großen Museen auf Djurgården erst mal hinter sich gelassen, fühlt sich die Insel an wie ein Urlaub auf dem Land. Die Stadt blitzt nur manchmal aus der Ferne durch die Laubbäume. Alles ist besonders hübsch herausgeputzt und gleichzeitig fast dörflich. Hier stehen kleine Holzvillen am Wasser, es gibt Pferdeweiden und Lustschlösser. Na ja, *ein* Lustschloss, und das heißt Rosendal.

Sehenswerter als das Schloss ist der gleichnamige Garten nebenan, *Rosendals Trädgård*, mit Café und Hofladen. Die Tische stehen in alten Gewächshäusern zwischen Blumentöpfen und Gartenschläuchen. Das Essen ist dagegen fast extravagant. Die Brote

sind im Steinofen gebacken und je nach Jahreszeit mit Hummus, Spargel und Mandelsplittern belegt oder mit Hirschcreme und Cashewkernen. Danach gibt es Kuchen und biologisch angebauten Weißwein.

Oder man setzt sich für ein Picknick draußen unter fast hundertfünfzig Jahre alte Obstbäume und schaut den Kindern beim Spielen zu. Etwa genauso lange ist es her, dass die königliche Familie das Land an die schwedische Gärtner-Gesellschaft verpachtet hat. Die erweiterte und verschönerte den Park. Später übernahm die Stadt das Land. Seit 1982 aber ist eine gemeinnützige Organisation für Rosendals Trädgård zuständig und reinvestiert alle Einnahmen in den Garten.

Das Bistro entstand später. Anfangs servierten die Gärtner den Spaziergängern, die zufällig vorbeikamen, nur einen Kaffee. Heute verarbeitet die Küche am liebsten das, was im eigenen Garten angebaut wurde, Gemüse, Obst und Kräuter. Im Blumengarten können sich die Gäste im Sommer zudem ihren eigenen organischen Blumenstrauß zusammenstellen. Sie schneiden die Blumen selbst und bezahlen nach Gewicht.

34

BUS 69 RICHTUNG BLOCKHUSUDDEN BIS HALTESTELLE »THIELSKA GALLERIET«

Der Banker und seine Bilder

THIELSKA GALLERIET
SJÖTULLSBACKEN 8
115 25 STOCKHOLM
TEL. 0046 8662 58 84
DI-SO 12-17, DO 12-20
WWW.THIELSKAGALLERIET.SE/EN
ERWACHSENE 130 KRONEN,
STUDENTEN 100 KRONEN,
UNTER 19 JAHREN FREI

Damals muss das exzentrische Haus für viele ein Ärgernis gewesen sein, beinahe eine Monstrosität. Die schneeweiße Jugendstilvilla steht auf einem Hügel im sonst fast rustikalen Djurgården. Heute strahlt das Gebäude eine souveräne Ruhe aus. Vielleicht ist das auch deswegen so, weil es dem Bauherrn Ernest Thiel schon damals egal war, was die gute Stockholmer Gesellschaft von ihm dachte. Er ließ seine Villa nur zu einem Zweck bauen: um die Wände mit Bildern zuzuhängen. 1907 weihte er seine private Galerie mit einem rauschenden Maskenball ein.

Ernest Thiel war als Banker reich geworden. Seine Frau, die

aus einer angesehenen Familie stammte, hatte er verlassen und eine andere geheiratet. Seine große Liebe Signe Thiel machte ihn mit Friedrich Nietzsche vertraut, der enormen Eindruck auf den Kunstsammler hinterließ. Im Turmzimmer seiner Galerie bewahrte Thiel sogar eine Kopie von Nietzsches Totenmaske auf und gab beim norwegischen Künstler Edvard Munch ein Nietzsche-Portrait in Auftrag.
Ernest Thiel war Förderer und Freund des schon damals berühmten Malers. Munch besuchte ihn in Stockholm, um auch ihn zu portraitieren. Doch der Maler war nicht zufrieden mit seinem Werk. Er habe nur den »Nietzscheaner« in Thiel gemalt, nicht den Menschen hinter dieser Maske.
Wenige Jahre nach jenem Eröffnungsball verlor Thiel erst sein Vermögen, dann seine Frau, die ihn verließ. 1924 war er so pleite, dass er dem schwedischen Staat seine Galerie zum Kauf anbot. Kurz danach öffnete die Villa für die Öffentlichkeit und hat sich bis heute wenig verändert. Die eigenartige Aufteilung der Räume ist ganz und gar der Kunst geschuldet. Die Bilder hängen an hohen hellen Wänden unter Oberlichtern aus Glas, damit mehr Licht hereinfällt. Nur wenige Möbel stehen hier, obwohl Thiel viele Jahre in der Villa gewohnt hat. Sein Wunsch an den Architekten war ein Haus voller

Bilder, das trotzdem »so angenehm« sein sollte, dass er darin leben konnte.
Ein ganzer Raum ist dem Lieblingsmaler gewidmet, es ist eine der größten Munch-Sammlungen außerhalb Norwegens. »Meine Munch-Wand wird jede andere in Europa in den Schatten stellen«, schrieb Thiel schon 1907. Er hat natürlich auch viele andere skandinavische Künstler gefördert, deren Bilder bis heute in seiner Villa hängen.

35

BUS 69 BIS BLOCKHUSUDDEN

Nah am Wasser gebaut

Der schönste Weg, um in Stockholm anzukommen, führt über das Wasser. Die Kreuzfahrtschiffe durchqueren zunächst den Schärengarten. Wenn die Inseln größer werden und die Häuser darauf auch, nähern sie sich der Stadt. Sie ziehen vorbei an der Insel Djurgården mit ihren schönen Villen, dem kleinen Leuchtturm von 1905, den Museen und dem bunten Treiben im Freizeitpark Gröna Lund.

Doch das Allererste, was den Passagieren ins Auge fällt, ist das Café von Susan Avar Larsson. Das liegt in Blockhusudden, im östlichsten Zipfel des östlichsten Zipfels von Djurgården, und sieht fast aus wie ein zu groß geratenes Gartenhaus. Die kleinen

BLOCKHUSPORTEN
BLOCKHUSRINGEN 27
115 25 STOCKHOLM
TEL. 0046 8667 10 01
SAISONALE ÖFFNUNGSZEITEN UNTER
WWW.BLOCKHUSPORTEN.SE

Tische stehen zwischen Blumenbeeten oder gleich am Wasser. Das Café und die Terrasse sind so nah an die Saltsjönbucht gebaut, dass sie am Felsen fast ein wenig überstehen. So fühlen sich die Kaffeetrinker dort selbst fast wie auf einem Boot.

Wenn eine Fähre hier vorbeigefahren ist und am Stadsgårdhamnen nahe Slussen angelegt hat, haben viele Touristen das kleine Café nicht vergessen. Manche würden sich dann ein Fahrrad leihen, erzählt die Café-Besitzerin Susan Avar Larsson, sich die Insel Djurgården anschauen und bei ihr einkehren. Ihr Vater hat das Café vor fast fünfzig Jahren übernommen, nachdem er aus Iran nach Stockholm kam. Sie hat es später mit ihren Brüdern weitergeführt, ihre Tochter hilft auch aus.

Bis heute servieren sie im August und September persische Linsensuppe, ein Rezept ihrer Großmutter. Es gibt auch Krabbensalat, Lachskäsekuchen, Avocado-Sandwiches und die Zimtschnecken, die in jedes Stockholmer Café gehören. Früher, erzählt Susan Avar Larsson, kamen vor allem ältere Schweden ins Café ihres Vaters, heute sind es die Touristen. Kaffee gibt es aber immer noch in Porzellankännchen, »auf die alte Art«, sagt Susan Avar Larsson, die Wellen schwappen, die Möwen kreischen. Ein guter Ort für den Sommer, geöffnet nur in der Saison.

36

BUS 69 BIS EDELSTAMS VÄG

Pfad für Verliebte und Vogelliebhaber

KÄRLEKSSTIG

Als Kronprinzessin Victoria den Unternehmer Daniel Westling heiratete, jubelte ganz Schweden mit dem glücklichen Paar. Gäste aus den Königshäusern Europas wohnten der Zeremonie in der Nikolaikirche bei und Hunderttausende säumten danach den Weg der Hochzeitskutsche. Doch was schenkt man Prinzen und Prinzessinnen, die scheinbar alles haben?

Der WWF fand darauf eine eigene, durchaus eigennützige Antwort: Als Hochzeitsgeschenk widmete die Umweltschutzorganisation dem Paar einen romantischen Spazierweg durch Stockholms Natur. Zwei Jahre nach dem Jawort konnten Victoria und Daniel ihn einweihen. Der

Kärleksstig, der königliche Liebespfad, liegt recht versteckt auf der Insel Djurgården und ist ein wenig verwildert, was ihn noch malerischer macht.
Man läuft durch einen kleinen Mischwald entlang des Sees Isbladskärret. Der See entstand, als die Inselverwaltung in den achtziger Jahren die Pumpen abschaltete, die das Marschland zuvor trockengelegt hatten. Heute ist er mehr Sumpf als See und nicht besonders groß. Auf einem kleinen Hügel steht eine Bank, von der aus man über die wilde grüne Landschaft schauen kann. Während sonst vieles, was mit der königlichen Familie zu tun hat, zuverlässig die Massen anzieht, ist Victorias kleiner Pfad selten überlaufen.
Dafür treffen sich allerlei Wildvögel, Reiher und Höckerschwäne, Wasserläufer, Schnatterenten, Gänse und Kiebitze auf dem See. Der Liebespfad selbst ist nicht besonders lang, nur etwa 390 Meter. Man kann ihn fortsetzen und ganz um das Gewässer herumlaufen. Auf der anderen Seite gelangt man durch ein Gatter näher an den See. Dort geht man auf Tuchfühlung mit Enten und Rindern, die verhindern sollen, dass das Grünzeug alles überwuchert. Doch je nach Jahreszeit trifft man dort vor allem auf eine Spezies, auf Mücken.

37

TRAM 7 BIS SKANSEN

Versteckte Sterne

OAXEN SLIP
BECKHOLMSVÄGEN 26
115 21 STOCKHOLM
TEL. 0046 8 551 531 05
ÖFFNUNGSZEITEN UND RESERVIERUNGEN
UNTER WWW.OAXEN.COM/EN/BISTRO-SLIP

TIPP

EINE WEITERE BAKFICKA HEISST »THE FLYING ELK«. ES IST DER PUB VON BJÖRN FRANTZÉN, DESSEN FINE-DINING-RESTAURANT ALS BISHER EINZIGES IN STOCKHOLM DREI STERNE ERHALTEN HAT: WWW.THEFLYINGELK.SE/EN.

DAS GASTROLOGIK IST NEBEN DEM OAXEN KROG DAS ZWEITE RESTAURANT MIT ZWEI STERNEN. DAS GÜNSTIGERE SCHWESTERLOKAL HEISST SPECERIET: WWW.SPECERIET.SE.

Gutes Essen ist in Stockholm fast selbstverständlich. Die nordische Küche liegt im Trend. Sie konzentriert sich auf Zutaten, die möglichst regional und ökologisch sind. Nicht zu viel Drumherum, sondern ins Wesentliche investieren, den besten Fisch aussuchen, den passenden Pilz finden, die perfekte Kombination. Oft ist das nicht billig.
Zum Glück gibt es längst einen zweiten Trend. Die besten Kö-

che Stockholms versuchen dem eng gesteckten Rahmen ihrer Fine-Dining-Küchen zu entkommen und für eine größere Zielgruppe zu kochen. Dafür haben sie Schwesterlokale neben ihren Sterne-Restaurants eröffnet. In Stockholm heißen die *Bakficka*, so nennt man die hintere Hosentasche. In diesen Lokalen geht es etwas lockerer zu und mitunter deftiger, trotzdem scheint die feine Nordic Cuisine durch.

Ein Beispiel ist das *Oaxen Slip*. Oaxen, so heißt eine kleine Insel südlich von Stockholm. Dort hatten Magnus Ek und seine Frau Agneta Green siebzehn Jahre lang ihr berühmtes Restaurant. 2010 zogen sie in die Hauptstadt um und nutzten den Schritt, um neben dem Oaxen Krog mit seinen zwei Sternen ein Bistro zu eröffnen, das Oaxen Slip. Beides haben sie in einer alten Werft am Rand der Museumsinsel Djurgården untergebracht. Dort hängen noch heute Boote von der Decke. Und weil die Decke viele Meter hoch ist, sieht es so aus, als flögen sie über die Köpfe der Gäste hinweg.

Das Menü im Bistro ist bodenständig und wechselt mit der Saison. Besonders beliebt ist Hering als Vorspeise und im Sommer der »ganze Steinbutt« für zwei bis drei Personen. Das Gemüse baut das Paar hauptsächlich selbst an. Die Gerichte servieren sie oft in großen Schüsseln. »Wie zu Hause«, sagt Agneta Green.

»Das Essen kommt in die Mitte des Tisches und dann teilt man.« Sie ist für die Einrichtung zuständig und hat vieles vom Trödelmarkt. Deswegen passt kaum ein Teller zum anderen, aber alles ist liebevoll ausgesucht. Im Restaurant stehen neben kleinen Tischen lange Tafeln, die einst in einer Schule in Småland standen. Die Bänke stammen aus einem Londoner Theater. Die neueste Idee: Agneta Green will dort ein, zwei Mal in der Woche Gäste versammeln, die sonst allein essen würden. Damit Menschen, die in Stockholm auf Geschäftsreise sind oder deren Freunde gerade keine Zeit haben, trotzdem in guter Gesellschaft dinieren können. »Wir arbeiten nachhaltig auf jede Weise«, sagt sie, »und jetzt auch sozial nachhaltig.«

38

TRAM 7 BIS SKANSEN

Bootsgeschichten zum Nachtisch

SKROTEN
BECKHOLMSVÄGEN 14
115 21 STOCKHOLM
TEL. 0046 703 80 80 80
TÄGLICH 11-17, DO-SA 17-22
WWW.SKROTENS.SE

Stockholm ist voll von Booten und von Bootsbesitzern, denen ihr Schiff ans Herz gewachsen ist. Doch als Josefin Arrhénborg und Maria Rindstam ihr altes Boot verschrotten wollten, merkten sie, dass es dafür kein gutes System in Schweden gab. Sie beschlossen, das zu ändern und eröffneten einen Laden, in dem sie alte Schiffe zerlegten. Sie wollten deren Einzelteile verkaufen, um anderen alten Schiffen damit zu helfen. Doch das Geschäft lief nicht sehr gut. Die Menschen kamen aus Neugier, aber sie kauften nichts. Viele kamen einfach nur, sagt Maria Rindstam, »um ihre eigene Bootsgeschichte zu erzählen«.

Irgendwann gingen sie dazu über,

ihren Besuchern eine Tasse Kaffee anzubieten. 2012 zogen sie in ein neues Geschäft, das sie gleich als Café und Restaurant eröffneten. Bootszeug verkaufen sie dort natürlich immer noch, Lampen, Rettungsringe, riesige Nägel, Kordeln, ein altes Steuerrad. Vieles davon kaufen ihre Kunden einfach als Dekoration. Nebenbei macht es das Café sehr gemütlich und persönlich.

Skroten liegt an der alten Werft der Insel Djurgården, einer Gegend mit vielen Boots-Menschen, sagt Maria Rindstam. Oft kommen sie immer noch, um sich über ihre Schiffe auszutauschen. Viele hätten ihr Boot schon ihr ganzes Leben und verbinden gute Erinnerungen damit, erklärt die Ladenbesitzerin. Während sie also ihr Seemannsgarn erzählen, können ihre Gäste jetzt leckere Fisch-Suppe, Shrimps-Salat und den Fisch der Woche kosten. Sogar der König sei schon da gewesen, verrät sie. Aber auch Landratten sind willkommen.

Passende Ersatzteile kann man bei den beiden übrigens immer noch bestellen. Sie haben nicht mehr alles auf Vorrat, stattdessen arbeiten sie inzwischen mit mehreren Schrottplätzen zusammen. So finden sie für jeden Bootstypen das Richtige. Recyceln ist ihnen wichtig und auf diese Weise ist es effektiver als mit dem alten Laden. »Wir versuchen so viele Boote zu retten, wie wir können«, sagt Maria Rindstam.

39

U-BAHN 10, 11 BIS KUNGSTRÄDGÅRDEN, DANN ZU FUSS ÜBER SKEPPSHOLMEN; ODER BUS 65 BIS MODERNA MUSEET

Schiffe versenken

KASTELLHOLMEN

Vom Wasser aus gesehen, liegt *Kastellholmen* mitten in Stockholm. Doch vom Land aus betrachtet, ist die kleine Insel ein wenig ab vom Schuss. Manchmal scheint sie daher wie vergessen, hier ist selten viel los. Kastellholmen hatte schon immer eher zeremonielle Bedeutung. Auf der Festung weht stets die schwedische Flagge, um allen ankommenden Schiffen zu zeigen, wer in Stockholm das Sagen hat. Früher wurden sie von hier auch gleich mit einem Salutschuss aus dem Kanonenrohr begrüßt.

Man muss über mehrere Brücken gehen und die Insel Skeppsholmen überqueren, um nach Kastellholmen zu gelangen. Das

ist ein hübscher Spaziergang. Gleich am Eingang der Insel steht der kleine Schlittschuh-Pavillon, der in den 1880er Jahren für meist adlige Schlittschuhläufer gebaut wurde. Damals fror der Saltsjön, also die Stockholmer Meerwasserbucht, noch regelmäßiger zu als heute. Das Freizeitvergnügen kam auf die Insel, die wie Skeppsholmen damals vor allem militärisch genutzt worden war. Um Kastellholmen herum liegen zahlreiche Schiffswracks aus Stockholms kriegerischen Tagen. Wenn der Wasserstand niedrig ist, sieht man vor dem westlichen Ufer der Insel die Reste eines alten Kriegsschiffs unter der Oberfläche hervortreten.

Heute kann man auf den Hügel zur kleinen Burg hinauflaufen, die inzwischen als Konferenzzentrum genutzt wird. Der beste Ort der Insel ist der Felsen dahinter, denn von dort kann man nicht nur alle großen und kleinen Schiffe wunderbar beobachten. Man schaut auch auf den Freizeitpark Gröna Lund mit seinen bunten Achterbahnen wie auf ein Miniaturland. Das ist der eigentliche Spaß: in aller Ruhe auf diesem Felsen zu sitzen und die Schreie von der Insane-Achterbahn zu hören, von der die Leute in kugelförmigen Gondeln wie bei einer riesigen Murmelbahn in die Tiefe stürzen. Die kleinen Fähren fahren in aller Ruhe dran vorbei.

Östermalm

40

TRAM 7 BIS NYBROPLAN ODER U-BAHN 10, 11 (BLAUE LINIE) BIS KUNGSTRÄDGÅRDEN

Wilhelminas wunderbarer Reichtum

HALLWYLSKA MUSEET
HAMNGATAN 4
111 47 STOCKHOLM
TEL. 0046 8-519 55 600
DI-FR 12-16
MI 12-19
SA-SO 11-17
ÖFFNUNGSZEITEN KÖNNEN SAISONAL ABWEICHEN
WWW.HALLWYLSKAMUSEET.SE/EN

Es begann ganz unschuldig mit einer Muschel. Ihr Vater brachte sie der kleinen Mina 1855 mit, nachdem er sie zwischen einer Lieferung von Tierhäuten gefunden hatte. Die Muschel weckte die Sammelleidenschaft des Kindes. Und weil der Vater ein unsagbar erfolgreicher schwedischer Holzunternehmer war, vermachte er seiner Tochter Wilhelmina ein riesiges Vermögen. Die reiche Erbin sammelte bald Kunstgegenstände, Waffen, Porzellan, Gemälde, Silber und antike Möbel. Nach ihrer Heirat mit einem Adligen aus der Schweiz wurde sie zur Gräfin Wilhelmina von Hallwyl.

Das Paar baute sich einen Palast im Zentrum von Stockholm,

denn die Gräfin brauchte Platz für ihre Sammlungen. Es war ein Bauauftrag ohne Budgetlimit. Und auch stilistisch waren dem Architekten keine Grenzen gesetzt. Er mischte späte Gotik mit früher Renaissance. Viele der 42 Räume sind mit den Schätzen der Hausherrin gefüllt. Es gibt Zimmer, in denen nichts weiter steht als Regale voller Porzellan und Silber. In der Waffenkammer hängen Jagdgewehre, Pistolen und Säbel aus verschiedenen Jahrhunderten. Selbst das Billardzimmer ist mit seinen mittelalterlichen Bleiglasfenstern und der aufwändig geschnitzten Wandbank ein Sammlerstück.

Dieser Mix allein würde den Ort zu einem der exzentrischsten und prunkvollsten der Stadt machen. Doch die Wunderlichkeiten hören damit nicht auf. Hinter der historisch anmutenden Fassade ließ die Gräfin die modernste Technik ihrer Zeit einbauen. Aufzüge und Telefone, elektrisches Licht sogar in den Dienstbotenzimmern, fließendes Wasser auf jeder Etage. An das Schlafzimmer des Hausherren grenzt eines der ersten Badezimmer, das sich nicht mehr allzu sehr von den heutigen unterschied. Neben Dusche und Badewanne findet man dort auch eine Wärmelampe für schmerzende Muskeln.

In anderen Räumen fühlt sich der Besucher wie in einem Schloss aus längst vergangenen Zeiten. Der große Empfangsraum imitiert den Barock des späten 17. Jahrhunderts mit all seinem Prunk. Der prächtige Kamin ist mit belgischem Marmor umrahmt, doch eigentlich völlig überflüssig. Die Räume wurden ganz modern durch warme Luft in den Wänden geheizt.

Wilhelmina von Hallwyl wusste, dass ihr wundersames Haus als Museum taugen würde. Sie selbst hatte in ihrer Zeit große Veränderungen erlebt und ahnte, dass die Zukunft wieder ganz anders werden würde. Früh begann sie daher, jeden Gegenstand im Hallwylhaus zu katalogisieren, Kunstobjekte genauso wie Alltagsgegenstände. Selbst die Muschel, die ihr Vater ihr einst geschenkt hatte, wurde erfasst. Es gab dafür eine spezielle Arbeitsgruppe, die alles im Haus fotografierte und beschrieb. Der Katalog umfasste am Ende 78 Bände. Ein Werk für »eine ferne Zukunft«, schrieb die Gräfin dazu. 1920 schenkte sie Gebäude und Sammlung dem schwedischen Staat.

41

U-BAHN 13, 14 (ROTE LINIE) BIS ÖSTERMALMSTORG

Markt der Köstlichkeiten

ÖSTERMALMS SALUHALL
ÖSTERMALMSTORG
114 39 STOCKHOLM
MO-FR 9.30-19
SA 9.30-17
WWW.OSTERMALMSHALLEN.SE

Im teuren Stadtteil Östermalm sehen selbst Provisorien ziemlich edel aus. Dort wird *Östermalms Saluhall* renoviert, Stockholms Feinschmeckertempel. Die Händler sind daher in einen Pavillon direkt gegenüber gezogen, extra für sie aus viel hellem Holz gebaut.

Das Angebot ist das altbewährte. Es gibt viel frischen Fisch, Flusskrebse und Hummer, verschiedene Käsesorten, Elchsalami. Dabei herrscht kein lautes buntes Treiben, wie man es in einer Markthalle erwartet. Hierher kommt, wer sich etwas Besonderes gönnen will, denn Essen und Preise sind auf Delikatessenniveau. In der Halle kann man am Marktstand gediegen ein Garnelen-

sandwich zum Weißwein essen, ganz stockholmerisch.
Nur die selbstgemachte Wurst von M Seger gibt es derzeit nicht, Olof Dybeus muss die Frau vor seinem Stand vertrösten. In der alten Markthalle konnten sie die Würste herstellen und im Keller kühl lagern. Im provisorischen Pavillon gibt es nicht so viel Platz. Das alte Schwarzweißfoto haben sie trotzdem mit rübergenommen. Es hängt hinter dem Tresen, Herr und Frau Seger zwischen gutem Schinken an ihrem Stand in der alten Halle.
Als diese damals gebaut wurde, im Jahr 1888, dauerte das nur einige Monate. Die Renovierungsarbeiten dagegen ziehen sich nun schon über Jahre. Die Halle wird danach wohl fast genauso aussehen wie früher, mit einigen Erweiterungen und frischer Farbe. Manches, was über die Jahre verloren gegangen ist, soll restauriert und zurückgebracht werden.
Die Saluhall in Östermalm ist längst ein Wahrzeichen geworden, auch wegen ihrer Architektur. Die Außenhülle aus rotem Backstein strahlt Wärme aus, während die luftige Stahlkonstruktion drinnen für viel Raum sorgt. Das wirkt wie eine Mischung aus Bahnhofshalle und Burg mit halb gläsernem Dach. Die altmodischen Stände aus dunklerem Holz stehen dann fast wie unter freiem Himmel. Trotzdem blieb die Halle anfangs halb leer, der Markt fand draußen statt. Bis die Stadt die Händler damals mit einem neuen Verbot zwang, in die Halle umzuziehen.
Anfang 2020 sollen die Renovierungsarbeiten abgeschlossen sein, das Datum ist allerdings schon mal nach hinten verschoben worden. Für die Würstchenproduktion der Firma M Seger jedenfalls kann es nicht schnell genug gehen.

42

TRAM 7 BIS NYBROPLAN; U-BAHN 10, 11 (BLAUE LINIE) BIS KUNGSTRÄDGÅRDEN; U-BAHN 13, 14 (ROTE LINIE) BIS ÖSTERMALMSTORG

Besuch bei den Königstigern

KÖNIGLICHER HOFSTALL
VÄPNARGATAN 1
114 51 STOCKHOLM
TEL. 0046 8402 61 05
ZEITEN FÜR FÜHRUNGEN UNTER
WWW.KUNGLIGASLOTTEN.SE/ENGLISH/ROYAL-PALACES-AND-SITES/THE-ROYAL-STABLES.HTML
ERWACHSENE 100 KRONEN, STUDENTEN UND KINDER AB 7 JAHREN 50 KRONEN

In der königlichen Garage hängt ein Foto. Darauf stehen die beiden liebsten Transportmittel von Gustav V. nebeneinander, sein Cadillac und sein Pferd Königstiger. Das riesige Tier überragt die Limousine deutlich.
Die Anekdote zu dem Bild trug sich am achtzigsten Geburtstag des Königs zu. Eine Woche vor den Feierlichkeiten im Jahr 1938 kam Gustav V. in den Stall und warf die Pläne für das Zeremoniell komplett um. Statt die königlichen Truppen zu Fuß zu inspizieren, wollte er auf Königstiger reiten. Sofort brach Chaos im Hofstall aus, denn nun mussten auch viele anderen Würdenträger für die Feier aufs Pferd. Einige von ihnen waren seit

Jahrzehnten nicht mehr geritten. Man suchte also die sanftesten Tiere zusammen und alles ging gut. Zu seinem neunzigsten Geburtstag blieb der König dann in der Kutsche sitzen.

Die schwedische Königsfamilie gilt als herrlich bodenständig. Wer ihr näher kommen möchte, für den sind die Ställe ein guter Ort. Stallmeister Lars-Olof Nilsson weiß viele Geschichten zu erzählen, während er durch die Anlage in Östermalm führt. Er erzählt sie mit einem Augenzwinkern.

Derzeit wohnen in dem Stall sechzehn Pferde, deren Hauptaufgabe es ist, die Kutschen der königlichen Familie zu ziehen. Übrigens: Wenn der König im Wagen sitzt, tragen Kutscher und Reiter ihre Hüte um 90 Grad gedreht. Früher war das ein Zeichen für die Untertanen, dass sie strammstehen mussten.

Die Pferde, die man heute in den Ställen trifft, sind schwedische Warmblüter. »Stark, zuverlässig und gehorsam«, sagt der Stallmeister. Sie sind gut beschäftigt. Beispielsweise wird jeder neue Botschafter per Kutsche zum König gebracht. Erst letzten Donnerstag, erzählt er, waren es vier neue Abgesandte, also liefen die Pferde vier Mal zwischen Außenministerium und Palast hin und her.

Seine Staatsgäste dagegen trifft König Carl XVI. Gustaf, und das klingt wunderlich genug, im Pferdestall. Sie werden vom Flughafen mit dem Auto hierhergebracht und steigen dann vor der Reithalle mit dem König in die Kutsche. Das Königshaus hat über die Jahrhunderte eine beeindruckende Anzahl Kutschen gesammelt, auch zu ihnen kann Lars-Olof Nilsson viel erzählen. Beispielsweise von den unerwarteten Problemen, als Boris Jelzin bei seinem Staatsbesuch 1997 in derselben Kutsche fahren wollte wie der russische Zar neunzig Jahre zuvor ...

43

TRAM 7 BIS NYBROPLAN; U-BAHN 10, 11 (BLAUE LINIE) BIS KUNGSTRÄDGÅRDEN; U-BAHN 13, 14 (ROTE LINIE) BIS ÖSTERMALMSTORG

Für immer warm

STATUE VON MARGARETHA KROOK
NYBROPLAN

Es ist viel Schnee gefallen in der vergangenen Nacht. Eine dicke weiße Decke liegt über allem, auf den blattlosen Zweigen der Bäume, den Fahrradständern, den Streusalz-Containern. Ein Jogger kommt vorbei. Die Schweden lassen sich auch von vereisten Gehwegen nicht vom Laufen abhalten. Der Jogger bleibt an der Ecke des Theaters stehen, das die Stockholmer *Dramaten* nennen, gleich neben der Bronzestatue. Der Mann zieht den rechten Handschuh aus, hält seine Hand für ein paar Sekunden gegen den Bauch der Figur. Ganz routiniert sieht das aus, als würde er es immer so machen. Ein kleiner Stopp bei einer alten Freundin.

Auf der *Statue von Margaretha Krook* liegt kein Schnee. Sogar der Boden um sie herum ist schneefrei, alles ist abgetaut. Denn diese Figur strahlt Wärme aus. Sie ist ganzjährig auf 37 Grad geheizt, Körpertemperatur. Die Erinnerung an eine der beliebtesten Schauspielerinnen Schwedens sollte nicht kalt und unpersönlich sein. Vielleicht soll diese Statue den Menschen auch zeigen, dass sich selbst unter einer harten Oberfläche viel Wärme verbergen kann.

Sie schaut ein wenig streng auf den Platz. Sie steht an derselben Ecke, an der Margaretha Krook zu Lebzeiten oft eine Zigarette geraucht hat während der Proben am Königlichen Dramatischen Theater. Jetzt hat sie die Hände in den Taschen, ihre Jacke ist offen. Ein großes Tuch hat sie lose über den Kopf geworfen. Das wirkt elegant, trotz der sonst legeren Kleidung. Bestimmt geht sie gleich wieder rein auf die Bühne, auf der sie mehrere Jahrzehnte gespielt hat. Sie spielte komische und tragische Rollen, starke Frauen.

Margaretha Krook ist 2001 mit fünfundsiebzig Jahren an Krebs gestorben. Sie wusste schon vor ihrem Tod von der Idee einer Statue und war einverstanden. Ihre körperwarme Bronzenachbildung gehört zu den meistberührten Figuren der Stadt.

44

U-BAHN 13, 14 (ROTE LINIE) BIS ÖSTERMALMSTORG

Die Bibel des Teufels

CODEX GIGAS
KUNGLIGA BIBLIOTEKET
HUMLEGÅRDSGATAN 26
114 46 STOCKHOLM
WWW.KB.SE/KB-IN-ENGLISH.HTML
WWW.KB.SE/BESOK-OCH-ANVAND/HITTA-I-HUSET/SKATTKAMMAREN.HTML

Der Legende nach war es ein Mönch, der um sein Leben schrieb. Für seine Sünden war er lebendig eingemauert worden. Um sie wiedergutzumachen, wollte er diese riesige Bibel in nur einer Nacht fertig schreiben. Eine übermenschliche Aufgabe, für die er den Teufel um Hilfe bat. Ein faustischer Pakt, der Anfang des 13. Jahrhunderts geschlossen worden sein muss.

Denn um diese Zeit ist der *Codex Gigas* wohl entstanden, und zwar vermutlich im heutigen Tschechien, auch wenn man nicht genau weiß, wo. Das riesige Buch ist fast einen Meter hoch, einen halben Meter breit und knapp 75 Kilogramm schwer. Es ist damit das wohl größte noch erhaltene

mittelalterliche Manuskript der Welt. So liegt es in seinem Glaskasten mitten in Stockholm, zugeklappt zwischen zwei hölzernen, mit weißem Leder überzogenen Buchdeckeln. In der Königlichen Bibliothek im Park Humlegården ist für den Codex Gigas extra eine kleine Schatzkammer gebaut worden. Dort können Besucher die Ausmaße dieses Buches spüren. Darin blättern können sie auch, und zwar virtuell: Die Seiten sind eingescannt und auf einem großen Screen neben dem Buch sichtbar.

Der Codex Gigas enthält nicht nur eine komplette Abschrift der Bibel, sondern auch historische Texte, einen Kalender, eine Enzyklopädie und magische Sprüche. Vor allem aber zeigt es das Portrait des Teufels, der grüngesichtig und rothornig eine der riesigen Seiten für sich einnimmt. Dort hockt er, die Arme in die Höhe gereckt, mit nur vier Fingern an jeder Hand. Auf der gegenüberliegenden Seite ist die himmlische Stadt zu sehen. Der Teufel ist kein ungewöhnliches Motiv für das Mittelalter, doch in diesem Buch ist er besonders präsent. Deswegen, und weil man den wahren Autor bis heute nicht kennt, heißt es auch Teufelsbibel.

Im Text sind einige der großen Initiale kunstvoll, in kräftigen Farben und manchmal mit Gold, Blumen- oder Tiermotiven ver-

ziert. Einmal sitzt ein Eichhörnchen als Punkt auf dem großen »i«. Vermutlich haben die Schweden das Buch 1648 als Beute aus Prag mit nach Stockholm genommen, am Ende des Dreißigjährigen Krieges.
Um in das große Buch zu schauen, muss man zwar nicht extra in die Bibliothek gehen. Sie hat den Inhalt auch ins Internet gestellt. Das majestätische Gebäude und der moderne Anbau samt Schatzkammer sind aber allemal einen Besuch wert. Online verliert dieses uralte Teufelswerk viel von seiner Wirkung.

45

U-BAHN 13, 14 (ROTE LINE) BIS KARLAPLAN

Luxuriöses Reste-Essen

K-MÄRKT GARNISONEN
KARLAVÄGEN 100
115 26 STOCKHOLM
TEL. 0046 8466 88 90
MO-FR 11-14
CAFÉ MO-FR 9-16
WWW.KMARKT.SE/KMARKT/ENGLISH.HTML

Häuser, die in Schweden unter Denkmalschutz stehen, nennt man *K-märkt*. Sie haben eine besondere Markierung, früher hieß sie Kulturmärkning. Auch das *Garnisonen* am Karlavägen darf wegen seiner Einzigartigkeit nicht verändert werden. Entworfen in den sechziger Jahren, galt es früher als eines der hässlichsten Gebäude der Stadt. Doch die Stockholmer haben ihm die ein oder andere Revolution zu verdanken.

Garnisonen ist in erster Linie ein riesiger Bürokomplex. Als Arbeitsplatz ist es so gigantisch, dass seine Ausmaße in den siebziger Jahren flexiblere Arbeitszeiten erzwungen haben. Wenn alle Mitarbeiter zur selben Zeit

ins Büro gekommen wären, hätten sie die nahe U-Bahn-Station und die Eingänge des Garnisonen verstopft. Damals galt der Bau als ein Beweis für die »Elefantiasis der Behörden«.

Heute beherbergt es unter anderem das Restaurant *K-Märkt*, das in seinem Namen auf die Besonderheit des Hauses hinweist. Dabei ist das Restaurant für sich genommen speziell genug. Zwischen 550 und 850 Gäste kommen jeden Tag in die große, mensaartige Halle und bedienen sich am Buffet. Sie versammeln sich, so könnte man sagen, zum gehobenen Reste-Essen. Denn das K-Märkt-Team kauft am Abend oder in der Nacht oft das ein, was bei Importeuren und Großhändlern übrig ist. Sie verarbeiten, was sonst weggeschmissen würde.

Das Menü kann sich deswegen stündlich ändern. Jede Mahlzeit wird nur so lange angeboten, bis die Zutaten dafür ausgehen. Dann wird sie durch eine neue Kreation ersetzt. An diesem Tag gibt es beispielsweise Quinoa-Salat mit Rote Beete und Apfel, Romanasalat mit eingelegten Zwiebeln und Parmesandressing, gebackene Kartoffeln, geröstetes Hühnchen, Lachs. Hinter dem Tresen schälen die Mitarbeiter bereits große Mengen Möhren für die nächste Runde. Die Idee von Nachhaltigkeit, die in den vergangenen Jahren wie eine Welle durch Stockholm ging, ist hier perfektioniert. K-Märkt hat bereits sechs Filialen in der Stadt und es sollen mehr werden.

Zum Nachtisch leistet man sich im Garnisonen einen besonderen Luxus: Hier hat Daniel Roos, der das Dessert für das jährliche Nobelpreisdinner entwirft, eine Konditorei. Er ist an K-Märkt beteiligt. Sein aktueller Nobel-Nachtisch schmeckt nach Apfel, Zitrone und Vanille, ist cremig und knusprig zugleich und sieht aus wie der Frühling.

46

U-BAHN 13 (ROTE LINIE) BIS ENDHALTESTELLE ROPSTEN, WEITER MIT DEM BUS BIS LIDINGÖ TORSVIKSTORG

Garten der Gegensätze

Wer Carl Milles früher besucht hat, ging durch ein eisernes Tor. Der Spruch darauf stammt aus einem Gedicht seiner Schwester Ruth: »Lass mich arbeiten, solange der Tag strahlt«.
Der Künstler war einer der bekanntesten und produktivsten Schwedens. Sein Heim, *Millesgården*, hat er bereits zu Lebzeiten dem schwedischen Volk geschenkt. Er wollte es zu einem Treffpunkt für Kunstliebhaber machen, zu einem Museum für jedermann. Deswegen hat er zeitweise sogar Rollschuhbahnen und ein Schwimmbad für die jüngeren Besucher eingeplant. Einige seiner Ideen sind nie realisiert worden. Trotzdem ist Millesgården sein Lebens-

MILLESGÅRDEN
HERSERUDSVÄGEN 32
181 50 LIDINGÖ
TEL. 0046 8446 75 94
WWW.MILLESGARDEN.SE
IM SOMMER TÄGLICH 10-17,
VON OKTOBER-APRIL MONTAGS GESCHLOSSEN
150 KRONEN FÜR ERWACHSENE,
120 KRONEN FÜR STUDENTEN

werk und ein besonderer Ort in Stockholm.
Das Grundstück von Carl Milles und seiner Frau Olga liegt wunderschön am Hang. Das Paar hat es Stück für Stück erweitert und ausgebaut. Seine Statuen hat der Künstler immer wieder umgestellt, um sie an neuen Orten auszuprobieren. Es gibt viele Kulissen für sie in Carl Milles' Garten, der über mehrere Terrassen führt, verbunden durch Treppen, unterbrochen durch kleine Brunnen und Säulen, im Schatten gemischter Bäume und Felsen. Es ist ein sehr nordischer Ort und gleichzeitig hat er etwas Südländisches. Genauso wie Carl Milles' Werk romantisch und gleichzeitig modern war. Als Vorbilder für seine Skulpturen dienten oft Figuren der griechischen Mythologie. Häufig hat er sie ans und aufs Wasser gesetzt oder auf hohe Säulen in die Luft gestellt.
Mit der größten Terrasse am unteren Ende des Gartens wollte Carl Milles seine eigene Piazza schaffen. Ein offener Raum für viele Menschen. Tatsächlich ist der Platz so offen geraten, wie er in Rom, wo Carl Milles häufig seine Winter verbrachte, kaum sein könnte. Die Terrasse schwebt hoch über dem Meer des Schärengartens, mit Blick auf einen der Stockholmer Hafen, den *Värtahamnen*. Wie passend war also das Geschenk, das die Stadt Stockholm Carl Milles zu seinem achtzigsten Geburtstag machte: eine Nachbildung seiner Statue Poseidon, die Milles 1930 für die Stadt Göteborg geschaffen hatte.
Der Poseidon im Künstlergarten ist sieben Meter hoch. Einen Delfin in der einen und eine Muschel in der anderen Hand, schaut der griechische Gott des Meeres herrisch auf die nordische Hafenstadt.

Norrmalm mit Vasastaden

47

U-BAHN 17, 18, 19 BIS HÖTORGET

Kaffee bei der Katze

CAFÉ VETE-KATTEN
KUNGSGATAN 55
111 22 STOCKHOLM

TIPP

IN DEN MEISTEN SCHWEDISCHEN CAFÉS IST DIE ZWEITE TASSE KAFFEE KOSTENLOS. EIN SCHILD AN DER KASSE WEIST HÄUFIG DARAUF HIN: PÅTÅR INGÅR - NACHSCHENKEN INBEGRIFFEN.

Die Schweden lieben Kaffee, sie trinken pro Kopf mehr als die Italiener oder die Franzosen. Fest zum Tagesablauf gehört die berühmte *Fika*, die Kaffeepause mit etwas Süßem. Im Büro oder am Wochenende in der Stadt, wer der Fika fernbleibt, macht sich verdächtig, ein Spielverderber zu sein.

In Stockholm gibt es unzählige Cafés, die meisten sind gemütlich und der Kaffee immer gut. Das *Vete-Katten* an der Kungsgatan aber ist eine Institution. Vielleicht liegt es daran, dass es mehr als neunzig Jahre alt ist und wenig von nordischer Bescheidenheit hält. Hierher kommt man nicht für einen schnellen Kaffee zum Mitneh-

men. Ins Vete-Katten bringt man Zeit mit, wie es sich für eine ordentliche Fika gehört. Das fängt an mit der überfordernd großen Auswahl an Törtchen, Kuchen, Gebäck und Pralinen. Es geht weiter mit der Suche nach dem passenden Platz. Der helle Eingangssaal ist laut und lebendig. Dahinter führt ein Labyrinth kleiner Räume tiefer ins Gebäude hinein. Dort kann man sich gemütlich in eine ruhige Ecke wegstehlen.

Das Vete-Katten wurde 1928 von Ester Nordhammar gegründet, deren Traum es war, das perfekte Unternehmen zu führen. An ihren Vorsatz, ausschließlich Frauen einzustellen, hielt sie sich bis zu ihrem Tod 1961. Als sie jemand fragte, wie ihr neues Café denn heiße, soll sie nur »*Ja, det vete katten*« geantwortet haben. Das kann jedoch zweierlei heißen, »Ja, das weiß die Katze«, oder »die Weizen-Katze«. Der Name blieb dann kleben.

Wenn man Chef-Konditor Johan Sandelin-Järnåsen heute fragt, was das Café denn ausmache, antwortet er mit einem Schwall an Adjektiven. »Wir sind gemütlich, echt, handgemacht, traditionell, modern, untrendy, trendy.« Eine seiner Spezialitäten ist die berühmte Prinsesstårta, die Prinzessinnentorte, Biskuitteig, Vanillecreme und Himbeeren in viel Sahne versenkt. Überzogen wird das Ganze mit hellgrünem Marzipan. Deswegen hieß das

Kunstwerk anfangs auch einfach »grüne Torte«. Erfunden hat sie eine Lehrerin, die drei schwedische Prinzessinnen in Hauswirtschaft unterrichtete. Sie nahm die grüne Torte 1929 in ihr Kochbuch auf, das als *Prinsessornas Kokbok* zum Klassiker wurde. Die Marzipantorte war offenbar die Lieblingstorte von Margaretha, Märtha und Astrid. So hießen die drei Schülerinnen, die Töchter von Prinz Carl von Schweden, dem jüngeren Bruder von König Gustav V. Die süße Torte hat also einen richtig royalen Hintergrund.

Seit wann sie im Vete-Katten serviert wird, ist nicht überliefert.

Prinzessinnentorte kann man in Stockholm fast überall kosten. Im Vete-Katten ist sie aber so gut, dass dort kein Kuchen häufiger bestellt wird.

48

U-BAHN 17, 18, 19 (GRÜNE LINIE) BIS HÖTORGET

Der Eiszeit-Tunnel

BRUNKEBERGSTUNNELN

So ein *Ås* kann äußerst lästig sein, vor allem dann, wenn es sich quer durch die Stadt zieht. Das Wort bezeichnet einen Wall aus Geröll und heißt auf Deutsch Os. Er ist Überbleibsel aus der Eiszeit, geformt meist durch einen Gletscher. Brunkebergsåsen teilte den Stockholmer Stadtteil Norrmalm lange Zeit praktisch in zwei Hälften. Fußgänger, Autos und Fahrräder mussten stets über diesen Hügel, um auf die andere Seite zu gelangen. Denn der Wall besteht teilweise aus losem, angehäuften Gestein und Kies. Sich da durchzubohren ist nicht einfach.

Bevor überhaupt eine Straße nicht nur über, sondern durch den Wall führte, bauten Inge-

nieure einen Tunnel für Fußgänger. Das ist fast hundertfünfunddreißig Jahre her. Doch der Brunkebergstunnel führt auch heute noch vom Sveavägen unter zwei Querstraßen hindurch bis zur Birger Jarlsgatan. Der bescheidene Eingang ist leicht zu übersehen. Am Sveavägen befindet er sich etwa auf Höhe von Hausnummer 42 in einer Seitenstraße zwischen den Treppen, die immer noch über den Wall führen. Es ist eine kreisrunde Röhre, etwa 231 Meter lang.

Als die Ingenieure 1884 begannen, den Tunnel zu bauen, stellte sich das als äußert mühsam heraus. Den festen Felsen konnten sie sprengen, doch auf einer Seite bröckelte das eiszeitliche Geröll. Also griffen sie zu einem besonderen Trick. Um es abtragen zu können, froren sie das Gestein vorher ein. Dafür stellten sie eine Gefriermaschine in den Tunnel, mit der sonst Schiffsladungen gekühlt wurden. Den Tunnelausgang verschlossen sie gut, um die Luft drinnen auf deutlich unter null zu bringen. Der Frost kroch in das Gestein, so dass sie es Zentimeter für Zentimeter abtragen konnten.

Die Mühe und der Erfindergeist haben sich gelohnt. Heute ist der Durchgang nicht nur praktisch, sondern für eine Röhre auch ziemlich stilvoll. Die Wände sind mit gelbem Kunststoff und spiegelndem Blech verkleidet, was den Tunnel äußert geeignet für Instagrambilder macht.

49

U-BAHN 17, 18, 19 (GRÜNE LINIE) BIS RÅDMANSGATAN

Im Blauen Turm

STRINDBERG MUSEUM
DROTTNINGGATAN 85
111 60 STOCKHOLM
TEL. 0046 8441 91 70
DI-SO 12-16
WWW.STRINDBERGSMUSEET.SE/ENGLISH
ERWACHSENE 75 KRONEN,
STUDENTEN/SENIOREN 50 KRONEN

Die Federhalter lagen schon immer so ordentlich nebeneinander, das war dem Schriftsteller wichtig. Die kurzen Bleistifte sind wie an einer unsichtbaren Linie aufgereiht, dann Pinsel, Kohlestifte, Zirkel, Brieföffner, daneben die Brille. Auf dem Block stehen einige Notizen, als würde sich der berühmte Autor gleich wieder an seinen Schreibtisch setzen. Das ist die Aufgabe solcher Museen: zu zeigen, wie jemand lebt, der eigentlich nicht mehr am Leben ist.

In diesem Fall ist es August Strindbergs Apartment, das man hier besichtigen kann, drei Zimmer ohne Küche. Der schwedische Alleskönner hatte in seinem Leben mehr als zwanzig

verschiedene Wohnungen, dies war seine letzte. Beispielsweise steht da ein siebenarmiger Leuchter in der Vitrine im Esszimmer. Strindberg, der sich selbst als Atheist bezeichnete, ließ als Schreiber anfangs antisemitische Tendenzen erkennen. Später hat er sich dann so sehr für das Judentum interessiert, dass er begann, Hebräisch zu lernen. Im Esszimmer steht auch ein Klavier, er liebte Beethoven. Eine Art Theatervorhang an der Wand sorgt dafür, dass der Raum beinahe aussieht wie ein Bühnenbild. Das schmale Bett im schlichten Schlafzimmer wirkt fast bescheiden. Hier starb er am 14. Mai 1912 im Alter von dreiundsechzig Jahren an Magenkrebs.

Was bleibt am Ende eines so bewegten Lebens übrig? Die meisten Schweden haben wohl ihre eigene Vorstellung davon, wer August Strindberg war. Sie begegnen ihm in Stockholm immer wieder, Strindberg-Statuen sind über die gesamte Stadt verteilt. Das kleine Museum führt den Besucher im Schnelldurchlauf durch ein unvorstellbar produktives Leben als Autor, Maler, Musiker, Reisender, Rastloser. Er war ein Mensch, der alles ausprobierte, dem vieles gelang und vieles missglückte. Er versuchte sich sogar in den Naturwissenschaften und formulierte einige abenteuerliche Theorien. Zum Beispiel überlegte er, ob der Mond auf seiner warmen Seite Wasser und eine Atmosphäre haben könnte.

In seine letzte Mietwohnung zog er nach der Scheidung von Harriet Bosse, seiner dritten Ehefrau. Warum er das Gebäude »Blauer Turm« nannte, dazu gibt es mehrere Geschichten. Das Treppenhaus jedenfalls ist blau gestrichen und der offene Aufzug ist noch der alte. Etwas aber ist anders als zu Lebzeiten des Schriftstellers: Über dem Eingang an der Drottninggatan steht »Strindbergsmuseet« in goldenen Lettern.

50

U-BAHN 17, 18, 19 (GRÜNE LINIE) BIS ODENPLAN

Ein Tempel für Bücher

Die tiefen Stufen zur Eingangstür der Bibliothek führen wie zu einem Tempel hinauf. Drinnen zeigt die enge Pforte Motive von Homers *Ilias*. Die schmale Himmelstreppe geht dann weiter hinauf in die Halle der Bücher. Das Muster auf dem Boden ist dem im römischen Pantheon nachempfunden. Nein, bescheiden war der Erbauer dieser Stadtbücherei sicher nicht.

Gunnar Asplund, Vater der modernen schwedischen Architektur, hat die Bibliothek entworfen, 1928 wurde sie fertig. Von außen sieht sie aus wie ein eckiger Klotz, auf dem ein runder Zylinder sitzt, funktional und beinahe schlicht. Aus der Vogelperspektive ist es ein Kreis in einem

STADSBIBLIOTEK
SVEAVÄGEN 73
113 50 STOCKHOLM
TEL. 0046 8508 30 900
MO-DO 10-21, FR 10-19, SA-SO 11-17
WWW.BIBLIOTEKET.STOCKHOLM.SE/
BIBLIOTEK/STADSBIBLIOTEKET

Quadrat, ganz wie das Pantheon-Muster auf dem Boden im Hauptsaal der Bibliothek.
Doch niemand, der diesen Saal zum ersten Mal betritt, schaut ernsthaft auf den Boden. Er schaut staunend nach oben und um sich herum. Der Raum ist kreisrund und vierundzwanzig Meter hoch. Endlose Bücherregale führen über drei Etagen an den runden Wänden entlang, man erreicht sie über kleine Treppen und Galerien. Schmale Gänge führen hinter die gebogenen Regale zu verborgenen Archiven und Abteilungen. 40 000 Bücher haben allein in diesem Hauptraum Platz, an den fünf weitere Säle angrenzen. Schwedische Belletristik steht hier zusammen mit internationalen Werken. Stieg Larsson, Günter Grass und Goethe, Tennessee Williams, Agatha Christie und William Shakespeare stehen miteinander wie in einem großen Amphitheater im Kreis. Über den Regalen führen die runden Wände noch einige Meter weiter in die Höhe. Sie sind dort hell und aufgeraut, wie ein wolkiger Himmel.
Alles scheint in diesem Gebäude wunderbar durchdacht. Das beste Beispiel dafür ist die Kinderabteilung. Der Nachthimmel, der dort an die Decke gemalt ist, zeigt den Stand der Sterne am Abend des 22. September, dem Geburtstag von Architekt Asplund. Diese besonders schöne Abteilung endet in einer kleinen Arena, einem Vorlesetheater mit einem Wandbild von Nils Dardel. Das Bild heißt »John Blund«, wie der schwedische Sandmann, und ist so traumhaft, dass man sich wünscht, selbst wieder Kind zu sein.

51

Für Sachensucher und Schatzjäger

SECONDHAND-LÄDEN DER STOCKHOLMER STADTMISSION
Z. B. IN DER HAGAGATAN 3
WWW.STADSMISSIONEN.SE/VAD-VI-GOR/SECOND-HAND

TIPP

EINE WEITERE LANDESWEITE KETTE FÜR SECONDHAND-LÄDEN HEISST MYRORNA. DAS UNTERNEHMEN GEHÖRT ZUR SCHWEDISCHEN HEILSARMEE: WWW.MYRORNA.SE. DAS SCHWEDISCHE WORT FÜR FLOHMARKT IST »LOPPIS« - UND DIE STOCKHOLMER SIND GROSSE FANS DAVON. EINEN ÜBERBLICK ÜBER VERSCHIEDENE MÄRKTE GIBT ES ZUM BEISPIEL HIER: WWW.LOPPISTAJM.SE/KALENDER.

Es scheint fast widersprüchlich: Einerseits ist Schweden die Heimat von H&M und Ikea. Das sind Marken, die sich jeder leisten kann, von denen aber niemand erwartet, dass sie ewig halten. Anderseits ist das Land und gerade seine Hauptstadt ein teures Pflaster. Nordisches Design ist nicht dafür bekannt, preiswert zu sein. Es gilt als hochwertig und langlebig. Gut also, dass es in Stockholm eine große Secondhand-Szene gibt. Die entspricht nicht nur der Vorliebe der Stockholmer für Nachhaltigkeit, sondern einem urschwedischen Gleichheitsgefühl: Jeder soll denselben Zugang zu dem haben, was die schwedische Gemeinschaft bieten kann – auch

zu den schönen Dingen des Lebens.

Allein die Stadtmission hat achtzehn Secondhand-Filialen. Ihre Idee, Gebrauchtes für einen guten Zweck zu verkaufen, geht bis ins Jahr 1927 zurück. Früher hießen die Läden *»Små smulor«*, »kleine Krümel«. Heute bieten sie eine riesige Auswahl für Sachensucher und Schatzjäger. Dabei sind die Filialen nicht nur unterschiedlich geschnitten. Jede hat auch eine eigene Ausrichtung. An der Hornsgatan auf Södermalm beispielsweise gibt es so viel Kleidung, dass sie nach Farben auf die Ständer sortiert sind. Ein ganzes Karussell pinkfarbener Oberteile steht dort neben einem in Zartrosa. Im nächsten Raum biegen sich die Regale unter großen Mengen Geschirr. Gleich am Eingang findet man zumindest im Winter eine große Auswahl Skischuhe, aber auch andere Sportbekleidung.

Die Filiale Nähe Odenplan in der Hagagatan wirkt dagegen aufgeräumter. Hier sticht die gut sortierte Küchenabteilung hervor, einige Schmuckstücke sind liebevoll präsentiert. In dieser Filiale hängt ein Nebenraum voller Taschen, weiter hinten ist eine große Musikabteilung untergebracht. Der Secondhand-Laden auf der Altstadt-Insel Gamla Stan wiederum fällt wohl am meisten aus dem Rahmen. Er vermittelt eher das Gefühl eines Antiquitätenladens, mit einigen

ausgewählten Möbelstücken. Es gibt hier viel dekoratives Porzellan und mehr Gemälde als Klamotten.
Die Stadtmission bietet inzwischen auch ihre eigene Marke »Remake« an. Das ist neue Kleidung aus recycelten Stoffen und deswegen auch nicht so günstig wie secondhand, aber dennoch nachhaltig. Im Laden am Mariatorget wird die Kollektion verkauft.

52

U-BAHN 17, 18, 19 (GRÜNE LINIE) BIS ODENPLAN

Besuch bei einer Urgroßmutter, die Bücher liebte

ASTRID LINDGRENS APARTMENT
DALAGATAN 46
113 24 STOCKHOLM
TICKETS UND ÖFFNUNGSZEITEN UNTER
WWW.ASTRIDLINDGRENSHEM.SE/
IN-ENGLISH

TIPP

SVEN-HARRYS KUNSTMUSEUM, DAS AUCH AM VASAPARK LIEGT, VERKAUFT EBENFALLS TICKETS FÜR DIE BESICHTIGUNGEN: WWW.SVEN-HARRYS.SE/EN.

Es ist ein ganz normaler Hausflur, erster Stock, braune Tür, A. Lindgren steht am Briefschlitz. Die schwedische Schriftstellerin lebte mehr als sechzig Jahre hier in der Dalagatan 46, gleich gegenüber vom Park. Seit einigen Jahren führt die Astrid-Lindgren-Gesellschaft kleine Besuchergruppen durch die Wohnung. Die Plätze sind schnell ausgebucht, aber die Mühe lohnt sich.

Cilla Nergårdh öffnet die Tür. Drinnen in der Wohnung ist es ruhig, nur die Dielen knarren. Alles ist so, wie Astrid Lindgren es zurückgelassen hat. Bücherregale in jedem Raum, im Wohnzimmer auffällig viele Sofas und Sessel, Plätze zum Lesen und später für die zahlreichen Besucher, die aus aller Welt kamen. Astrid Lindgren lebte gerne hier. Als sie mit ihrem Mann und den beiden Kindern 1941 einzog, hatte sie fast ein schlechtes Gewissen, weil es ihr hier so gut ging, während in Europa der Zweite Weltkrieg tobte.

Die meisten Bilder an den Wänden haben Freunde gemalt. Auf jeder Fläche stehen kleine Figuren, die sie bei Vorträgen und Auftritten geschenkt bekommen hat. Wenn einem Urenkel etwas gut gefiel, durfte er es mit nach Hause nehmen, erzählt Cilla Nergårdh, die für das Astrid-Lindgren-Familienunternehmen arbeitet. Auszeichnungen und Preise fand die Schriftstellerin vor allem deswegen praktisch, weil sie schön schwer waren und die Altbaufenster offen halten konnten. Der deutsche Bambi steht immer noch auf einem Fensterbrett Richtung Innenhof und lässt frische Luft herein.

Dahinter liegt das kleine Schlafzimmer mit den beiden durchgewetzten Stellen im Teppich, wo sie jeden Morgen aufgestanden ist. Neben ihr Bett hat sie Bilder von Vimmerby gehängt, dort wuchs sie auf. Durch ihre Bücher teilte sie diesen kleinen Zufluchtsort ihrer Kindheit mit vielen Schweden und Leserinnen und Lesern auf der ganzen Welt. Nebenan steht das Kinderbett, in dem die kranke Karin lag, während ihre Mutter Astrid ihr von Pippi Langstrumpf erzählte.

Die Ruhe in Astrid Lindgrens Wohnung rührt nicht daher, dass sie Kinderbücher schrieb und sich sonst rausgehalten hätte. Das tat sie nicht. In ihrem Arbeitszimmer hängt eine Karikatur, die sie 1976 mit Finanzminister Gunnar Sträng zeigt, mit dem sie über die hohen Steuern in Schweden stritt. Danach schrieb sie häufiger auch politische Texte, über Kinderrechte, Nutztierhaltung, Atomkraft, in ihrer unverblümten und emotionalen Art.

Man spürt in ihrer Wohnung vielmehr, dass sich Astrid Lindgren nie verstellte. Immer noch steht hier das Telefon mit den extra großen Tasten, die sie im Alter brauchte. Immer noch liegt hier die Liste mit den Fernsehsendern, die ihre Enkel groß mit schwarzem Marker aufgeschrieben haben, damit sie alles fand. Es ist auch die Wohnung einer Urgroßmutter, die Bücher liebte.

53

U-BAHN 17, 18, 19 (GRÜNE LINIE) BIS SANKT ERIKSPLAN

Spiel im Park

PARKLEK
Z. B. VASAPARKEN

TIPP

EINE ÜBERSICHT (AUF SCHWEDISCH) ZU ALLEN PARKLEK-ANGEBOTEN DER STADT UND DEREN ÖFFNUNGSZEITEN FINDET MAN AUF WWW.STOCKHOLM.SE. IN DER SUCHFUNKTION »PARKLEK« EINGEBEN, DANN ERSCHEINT EINE LISTE. ODER: WWW.STOCKHOLM.SE/KULTURFRITID/PARK-OCH-NATUR/LEKPARKER-OCH-PARKLEKAR

Elias Bjärgvide sammelt die bunten Schlitten ein, es wird schon dunkel im Vasapark. Der junge Mann arbeitet als Jugendbetreuer für die Stadt, man könnte sagen, er ist ein Spielplatz-Profi. Wobei dies hier eigentlich kein gewöhnlicher Spielplatz ist. Es ist ein besonderes Konzept, das die Schweden Parklek nennen, das Spiel im Park.

Dahinter steckt die wunderbare, typisch schwedische Idee, dass jeder dieselben Chancen haben sollte. Niemand braucht Schlittschuhe zu kaufen, nur um auszuprobieren, ob ihm Schlittschuhlaufen gefällt. Im Vasapark können Kinder sie einfach ausleihen. Im Sommer geben die Parklek-Mitarbeiter große und

kleine Dreiräder aus, Stelzen, Seilchen, Tischtennisschläger, es gibt Trampoline und einen Gummi-Kletterberg. Manchmal machen sie mit den Kindern Sport oder basteln Dinge aus Holz. Donnerstags wird draußen gegrillt, und das bei fast jedem Wetter.

Die ersten dieser Parkspiele entstanden vor etwa achtzig Jahren, heute gibt es mehr als vierzig in der Stadt. Das Angebot ist in jedem Park unterschiedlich. »Die Kinder können hier verschiedene Sachen auf spielerische Art ausprobieren, draußen sein«, sagt Elias Bjärgvide. »Es hat eine Menge damit zu tun, dass jeder dieselben Möglichkeiten haben soll.«

Anders als bei normalen Spielplätzen betreuen geschulte Mitarbeiter der Stadt die Kinder, und zwar jeden Tag. Oft hat das Team ein kleines Haus im Park, im Vasapark gibt es darin einen Raum für ältere Kinder mit Tischfußball und anderem. Grundsätzlich geht es beim Parklek aber darum, an der frischen Luft zu sein.

Jeder Park ist anders. Bandängens Parklek weit im Süden der Stadt hat beispielsweise einen kleinen Streichelzoo, in Kungsholmen kann man bei warmem Wetter plantschen (Rålambshovs Parklek). Im Vasapark kommen an manchen Sommertagen mehr als tausend Kinder, sagt Elias Bjärgvide. Der Park ist auch im

Winter sehr beliebt, weil er einen Hügel zum Rodeln hat und das Fußballfeld zur Eisfläche wird. Auf die Schlitten, die Elias Bjärgvide ausgibt, passen übrigens auch Erwachsene.

54

U-BAHN 17, 18, 19 (GRÜNE LINIE) BIS SANKT ERIKSPLAN

Gutes von Günter

GÜNTER'S KORV UND ANDERE HOTDOGS
KARLBERGSVÄGEN 66
113 35 STOCKHOLM
TEL. 0046 8 31 17 71
MO-DO 11-20, FR 11-18, SA 11-17

TIPP

NICHT WEIT VON GÜNTER'S, NÄHE SANKT ERIKSPLAN, VERKAUFT DER TORSGRILLEN AN SEINEM STRASSENSTAND ANSTÄNDIGE TUNNBRÖDSRULLE (TORSGATAN 48A).

Was Schnelles auf die Hand, das ist für die Stockholmer kein belegtes Brötchen, kein Döner und auch nicht Pommes rot-weiß. Die Schweden essen Hotdog. Die Basisvariante mit Ketchup, Senf und Röstzwiebel gibt es an kleinen Straßenständen überall und in beinahe jedem Kiosk.

Die Basisvariante aber haben die Schweden natürlich längst sehr selbstbewusst weiterentwickelt. Der typisch nordische Hotdog heißt Tunnbrödsrulle. Zur Wurst wickeln sie dabei eine ordentliche Portion Kartoffelpüree und sahnigen Shrimps-Salat in die Brotrolle. Das ist genauso gehaltvoll, wie es klingt. Mutige sollten es mal ausprobieren.

Allerdings nicht bei Günter's,

denn dort gibt es andere Prioritäten, und das ist gut so. Dieser Stand in Vasastaden bietet zwanzig verschiedene Wurstsorten aus aller Welt an. Obwohl er etwas abseits liegt, stehen die Stockholmer hier immer Schlange. Denn bei Günter's gibt es unbestritten die besten Hotdogs der Stadt.

Eröffnet hat den Stand der Deutsche Günter Schwarz in den achtziger Jahren. Nach dessen Tod übernahm Türkes Güclü, er ist heute längst selbst eine Institution. Am liebsten, verrät Türkes Güclü, essen die Schweden Kabanossi. Und Krakauer. Und Thüringer. Er hat auch türkische Sucuk, argentinische Chorizo und zur Not vegetarische Soja-Wurst aus Schweden im Sortiment. Günters Hotdogs sind würziger als jede schwedische Variante mit Kartoffelpüree.

»*Tjena!*« – »Wie immer?« – Manche Kunden muss Türkes Güclü gar nicht mehr nach ihrer Bestellung fragen, er weiß, was sie wollen. Ein Mann mit Hund kommt vorbei, ein freundliches Nicken, und der Hotdog-Verkäufer reicht ihm die Plastiktüte mit seiner Bestellung durch das kleine Fenster.

Ein Geheimnis ist die grüne Soße, Chimichurri, das zweite Geheimnis ist das Sauerkraut. Das importiert er in großen Konserven aus Deutschland. Die Wurst kommt mit Senf und Soße in ein geröstetes Baguette, der Hotdog ist knusprig, feurig, fettig, knoblauchig. Das Sauerkraut nimmt ein wenig von der Schärfe, aber nicht zu viel. *Günter's Korv* ist auch für wurstverwöhnte Deutsche eine gute Wahl. Wem das nicht exotisch genug ist, der kann immer noch Tunnbrödsrulle an fast jedem anderen Stand probieren.

55

STOCKHOLMER U-BAHN

Längste Kunstausstellung der Stadt

TIPP

WER DIE KUNST IN DER METRO NICHT ALLEIN ENTDECKEN MÖCHTE, KANN SICH EINER FÜHRUNG ANSCHLIESSEN, INFOS UNTER WWW.SL.SE/ART.

Viele der Stockholmer U-Bahn-Stationen sind in den Felsen geschlagen wie Höhlen. Das macht sie einerseits irgendwie anarchisch. Andererseits ist fast jede von ihnen ein Kunstwerk, denn die rauen Decken sind bunt bemalt, an jeder Station anders. Vielleicht soll ihnen so das Unterwelt-Gefühl genommen werden. Zum Beispiel leuchtet die Station am Stadion himmelblau mit Regenbogen, die in Solna Centrum ist feuerrot mit grünen Waldmotiven. Das beruhigend blaue Rankenmuster an der blauen Linie am T-Centralen ist einer der ältesten Entwürfe.
Zur Farbe gibt es oft Requisiten, Säulen, seltsame Leuchten, manchmal auch kleine Stillleben.

Zum Beispiel an der bunten Haltestelle Kungsträdgården, die hauptsächlich rot, grün und weiß gehalten ist. Die Farben, Statuen und Säulen der Station sollen an den Palast einer schwedischen Adelsfamilie erinnern, der hier einst an der Oberfläche stand. Vor dem Palast lag ein prächtiger französischer Garten, auch daran lehnt man sich nun unter der Erde an. Der Palast wurde durch ein Feuer zerstört, der Garten später zum heutigen Park Kungsträdgården.

Auch an den weniger zentralen Haltestellen sind überall kleine und größere Kunstwerke zu entdecken. An der Haltestelle Näckrosen beispielsweise sind nicht nur passend zum Namen Seerosen an die Decke gemalt. Dort hängen auch Schaukästen mit Requisiten und Fotos aus den früheren Filmstudios im dortigen Filmstaden. Es ist nur eines von vielen Dutzend Beispielen.

Allein die Station Hötorget scheint keine Kunst abbekommen zu haben. Ihr wurden 1952 nur die klassischen Kacheln im Pastellton verpasst. Heute ist sie eine Art Retro-Station, die samt Kacheln, Bänken und Papierkörben im Stil der fünfziger Jahre erhalten blieb. Die wirren Neonleuchten an der Decke kamen später dazu.

Die Stockholmer nennen ihr U-Bahn-System gerne die längste Kunstausstellung der Welt. Das verkürzt die Wartezeit, obwohl die ohnehin selten lang ist. Die Züge einer Linie fahren meistens im Fünf-Minuten-Takt. Die Wagen der Bahnen tragen alle eigene Namen, oft haben sie den von berühmten schwedischen Persönlichkeiten. Einer heißt wie die kleine Prinzessin Estelle, ein anderer nach Birger Jarl, der Stockholm gegründet haben soll. Das Stockholmer U-Bahn-Netz wird übrigens gerade erweitert. Zu den drei Linien rot, grün und blau kommt dann eine vierte dazu. Die Stockholmer durften über deren Farbe abstimmen. Da waren sie allerdings nicht besonders originell und wählten Gelb.

Nördlich von Norrmalm

56

U-BAHN 17, 18, 19 (GRÜNE LINIE) BIS ODENPLAN (MIT FUSSWEG);
BUS 516, 526, 565 BIS SVEAPLAN

Atelier im Park

CARL ELDHS ATELJÉMUSEUM
BELLEVUEPARK
LÖGEBODAVÄGEN 10
13 47 STOCKHOLM
TEL. 0046 8612 65 60
DO-SO 12-16
WWW.ELDHSATELJE.SE
ERWACHSENE 100 KRONEN,
STUDENTEN UND SENIOREN 80 KRONEN

Die Dielen knarren. Sie müssen besonders stark sein, um die Last der Skulpturen zu tragen. Die Büsten und Figuren in allen Größen und Formen stehen auf Regalen und mitten im Raum. Das hohe Dach über den weißen Gipskörpern sieht beinahe filigran aus. Tatsächlich musste es nachträglich abgestützt werden, denn schon im ersten Winter lastete der Schnee zu schwer darauf. Doch wenn es nicht schneit, fällt in diese Räume unglaublich viel Licht. In diesem Licht hat der schwedische Bildhauer Carl Eldh gearbeitet. So ausgefüllt ist sein Studio von Werken und von Schaffenskraft, dass man kaum sagen kann, die Zeit stehe hier still. Doch irgendwie tut sie ge-

PRINS GUSTAF
HERTIG
AF
UPLAND

nau das, seitdem das Studio nach Eldhs Tod zum Museum wurde.
Es gibt in Stockholm mehrere solcher Orte, die Einblicke in das Leben und Lebensende prominenter Schwedinnen und Schweden geben. Nach ihrem Tod wurden ihre Wohnungen und Wirkungsstätten für die Öffentlichkeit zugänglich. Gleichzeitig blieben sie beinahe unberührt, als wäre der Moment für immer eingefroren. Als würde man nur darauf warten, dass der große Geist zurück nach Hause kommt. August Strindbergs letzte Wohnung ist ein weiteres Beispiel dafür, oder die von Astrid Lindgren.
Das Studio von Carl Eldh ist besonders, weil es zu seinen Lebzeiten und speziell für ihn in den Bellevue-Park gebaut worden ist. Das Gebäude aus dunkel geteertem Holz mutet etwas seltsam an. Es passte zwar gut zu den alten Holzhäusern der Umgebung. Die eigenartige Form aber zog bereits damals Kritik auf sich. Sie folgte ganz dem, was der Künstler drinnen brauchte: hohe Decken und große Räume, Fenster nach Norden.

Im Jahr 1919 zog Carl Eldh ein. Damals war er bereits bekannt, der einst mittellose Sohn eines Schmieds. Schon in Jugendjahren hatte er allerlei Arbeit als Holzschnitzer angenommen und hielt sich zeitweise damit über Wasser, dass er Löwenfüße für Särge schnitzte. Er wurde Lehrling bei einem Stockholmer Skulpteur und ging später nach Paris. Auch dort verdiente er Geld mit verschiedenen Jobs, um sich den Unterricht unter anderem bei Auguste Rodin leisten zu können. Seine Skulptur einer Mutter, die sich verzweifelt über den leblosen Körper ihres Kindes beugt, brachte ihm damals in Paris den Durchbruch.
Ein Gipsmodell von »Douleur d'une mère« steht fast versteckt in der Ecke des hinteren Ateliers, so zugestellt sind die Räume mit seinen Werken. Dass es so viele waren, liegt wohl einerseits am großen Bauboom seiner Zeit in Schweden. Für viele Gebäude wurden Eldhs Skulpturen nachgefragt. Es liegt vor allem aber an dessen großer Gabe, Gefühle in Stein zu meißeln. Deswegen scheint sein Studio bis heute voller Leben zu sein.

57

Z. B. BUS 515 BIS HAGA NORRA

Café im Kupferzelt

KOPPARTÄLTEN
KUNGLIGA HAGAPARKEN
TEL. 0046 8 27 70 02
WWW.KOPPARTALTEN.SE

TIPP

FAMILIEN GEHEN VOR DEM PARKSPAZIERGANG VIELLEICHT INS SCHMETTERLINGSHAUS, GLEICH HINTER DEM KUPFERZELT. INZWISCHEN GEHÖRT DORT AUCH EIN AQUARIUM ZUR ANLAGE.

Wer den Hügel hinaufsteigt, sieht sie schon von Weitem. Die großen Zelte stehen am Ende einer langgestreckten Wiese, wie die Zelte eines Feldherrn. Doch das Schlachtfeld hier ist friedlich grün und schwingt sich sanft zum Seeufer hinunter. Die Zelte selbst tragen die schwedischen Farben, Blau und Gelb. Unverwüstlich stehen sie dort bei jedem Wetter. Denn statt aus Stoff sind sie aus bemaltem Kupfer.

Koppartälten, die Kupferzelte, waren die verspielteste Idee des schwedischen Königs Gustav III. für seinen neuen Park. Für diesen ließ er Ende des 18. Jahrhunderts die Grundstücke am Ufer des Sees Brunnsviken umgestalten. Tausende Bäume wurden ge-

pflanzt und Löcher aufgefüllt, die Hügel sanfter geformt, nach dem Vorbild eines englischen Landschaftsparks. Die Natur sollte aussehen wie einem romantischen Gemälde entsprungen.
Zwischen das Grün baute Gustav III. kleinere schlossartige Gebäude und verspielte Lauben. Bis heute flanieren Spaziergänger vorbei am Echotempel, dem chinesischen Pavillon, dem türkischen Kiosk. Fast wie zufällig stehen sie im Wäldchen, wie verwunschen. So hatte es sich der König gewünscht. Als krönenden Abschluss plante er einen Sommerpalast. Die Kupferzelte nebenan sollten die königliche Leibgarde beherbergen. Nicht umsonst erinnern sie eher an eine Kulisse als an einen Zweckbau. Entworfen hat sie der Bühnenarchitekt des theaterbegeisterten Königs, der Franzose Louis Jean Desprez.
Desprez sollte auch den immer größer werdenden Palast in den Park bauen. Doch dazu ist es nie gekommen, denn im Jahr 1792 wurde Gustav III. von adligen Verschwörern ermordet. Sie erschossen ihn ausgerechnet auf einem Maskenball, von seinem Traumschloss stand da erst das Kellergeschoss. Bis heute ist es als Bauruine im Park zu sehen. Der Sohn des ermordeten Königs, Gustav IV., baute unweit davon das kleinere und deutlich schlichtere Schloss Haga, in dem heute Kronprinzessin Victoria

mit ihrem Mann Daniel und den zwei Kindern Estelle und Oscar wohnt.

Die Kupferzelte sind über die Jahrhunderte geblieben. Das größte der drei Zelte brannte zwar in den fünfziger Jahren ab. Als man es dann aber wiederaufbaute, wurde gleich der mittlere Teil erweitert, der heute Silberzelt heißt. In seinem spiegelartigen Inneren gibt es Kaffee und Kuchen. Das Park-Museum nebenan zeigt unter anderem ein Modell des Sommerpalastes, der nie Wirklichkeit wurde.

Der perfekte Park des Königs aber ist ganz real. Auf seinen großzügigen Wiesen haben viele Picknickdecken Platz. Besser noch, wenn Schnee liegt. Dann erobern Kinderschlitten den sanften Hügel vor dem Feldherrenzelt. Märchenhaft.

58

U-BAHN 14 BIS UNIVERSITETET U. FUSSWEG NACH BERGIANSKA TRÄDGÅRDEN FOLGEN; ODER BUS-LINIE 50 BIS BERGIUSVÄGEN; ODER BUS-LINIE 540 BIS FRESCATI

Der Garten des Doktors

BERGIANSKA TRÄDGÅRDEN
GUSTAFSBORGSVÄGEN 4
114 18 STOCKHOLM
TEL. 0046 8 16 35 00
MO-FR 11-16, SA-SO 11-17
WWW.BERGIANSKA.SE/ENGLISH
EINTRITT FÜR ERWACHSENE
IM VICTORIA-HAUS 20 KRONEN,
IM EDVARD-ANDERSON-HAUS 80 KRONEN,
GARTEN FREI

Am Ufer des Sees Brunnsviken liegt ein alter Garten, fast möchte man sagen, ein kluger Garten. Er ist vor mehr als zweihundertfünfzig Jahren von einem Arzt angelegt worden. Er hat zwar nicht dieselbe Märchenwaldatmosphäre des Hagaparks auf der anderen Seite des Sees. Doch zeigt dieser Garten eine so vollständige Sammlung verschiedener Bäume, Blumen und Kräuter, dass man sich hier stundenlang aufhalten kann. Alles ist harmonisch zusammengewachsen und nichts wirkt künstlich, obwohl der Botanische Garten immer noch ein Ort der Lehre ist.
Gegründet haben ihn die Brüder Bengt und Peter Jonas Bergius Mitte des 18. Jahrhunderts, da-

mals noch näher am Stadtzentrum. Die Brüder nutzten das Anwesen Bergielund als Sommerresidenz. Peter Jonas war damals bereits ein angesehener Arzt, er kümmerte sich um den Garten und das Herbarium. Bengt Bergius legte eine wissenschaftliche Bibliothek an. Nach ihrem Tod vermachten sie alles der Königlich Schwedischen Akademie der Wissenschaften. Die verlegte den Garten etwa hundert Jahre später, im Jahr 1885, an den See. Peter Jonas Bergius schrieb in sein Testament, dass der Garten immer von einem »gelehrten und fähigen Mann« geleitet werden solle. Seither wird stets ein »Professor Bergianus« ernannt. Gerade trägt den Titel eine Frau.

Vieles in dem Garten ist mehr als hundert Jahre alt, zum Beispiel die italienische Terrasse auf einem Uferfelsen am See. Im Sommer ist sie umgeben von mediterranen Blumen. Spaziert man wenige Meter weiter, wird es rauer. Der Sand und die Steine dort sind den Ostsee-Inseln Gotland und Öland nachempfunden, die Pflänzchen genügsamer. Im Hintergrund sieht man schon die Glaskuppel des Victoria-Gewächshauses. Es ist im Jahr 1900 extra für die gleichnamige Riesenseerose eröffnet worden.

Es gibt einen japanischen Teich, eine alte Obstbaumwiese, eine Orangerie mit Café, natürlich einen Kräutergarten. Das zweite, neuere Edvard-Anderson-Gewächshaus wurde von einem reichen Glashändler gestiftet. Es ist auch im Winter geöffnet und bietet Wärme und Licht im dann recht dunklen Stockholm, mit Pflanzen aus Kalifornien, Australien und Südafrika. Und vor dem Gewächshaus erstreckt sich großzügig das schwedische Marschland, die nordische Heimat.

59

U-BAHN 11 (BLAUE LINIE) BIS NÄCKROSEN

Traumfabrik mit Ingrid und Ingmar

FILMSTADEN
RÅSUNDAVÄGEN 150
169 40 SOLNA
TEL. 0046 8 27 00 10
WWW.EN.FILMSTADENSKULTUR.SE

Über dem runden Torbogen steht »Filmstaden« in großen Leuchtbuchstaben. Das Tor war früher ein vertrauter Anblick für viele Schweden, denn es wurde in den Kino-Wochenschauen gezeigt. Dahinter liegt eine heute recht ruhige Straße, die mehr nach Vorstadt aussieht als nach Starglamour. Genau dort, mitten im Stockholmer Stadtteil Solna, wurde einst Filmgeschichte geschrieben.

Gleich hier auf dieser unscheinbaren Straße wurde die damals unbekannte Greta Garbo aus einer brennenden Kulisse getragen. Es war ihre erste und letzte Hauptrolle in einem schwedischen Film. Dann ging sie nach Hollywood. Es ist nur eine

von vielen Geschichten der Filmstadt.
Rechts am Straßenrand stehen noch vier kleine Bunker, in denen die empfindlichen Nitratfilmrollen gelagert wurden. Sie konnten leicht in Flammen aufgehen und wurden deswegen genauso gut verstaut wie der Sprengstoff für die Spezialeffekte. Am Hang darüber steht ein Haus aus dunklem Holz, heute ein Restaurant. Damals war es die Kantine für bis zu vierhundert Menschen, die gleichzeitig in den Studios arbeiteten, Stars und Bühnenbildner aßen gemeinsam. Sogar Walt Disney soll sich unter sie gemischt haben. Nur Ingmar Bergman hat auf dem Höhepunkt seiner Karriere ein eigenes Zimmer für seine Mahlzeiten bekommen.
Als sie *Filmstaden* im Jahr 1919 baute, wählte die Produktionsfirma dafür das Gelände einer verlassenen Straußenfarm. Die Nachfrage nach schwedischen Filmen war groß und die Zahl der anderen europäischen Filmstudios durch den Ersten Weltkrieg stark reduziert.
In Solna arbeiteten Stars des schwedischen Kinos, etwa die Regisseure Victor Sjöström und Mauritz Stiller. Ingrid Bergman stand hier für etliche Filme vor der Kamera, bevor auch sie nach Hollywood verschwand. Die fünfziger Jahre waren das Jahrzehnt von Ingmar Bergman. Er selbst hat Filmstaden mal mit

einer Fabrik verglichen, mal mit dem Paradies. Der erste Film, bei dem er dann selbst Regie führte, hieß *Kris* und blieb auch als Krise in Erinnerung. Zehn Jahre später, im Jahr 1955, feierte er mit *Das Lächeln einer Sommernacht* seinen internationalen Durchbruch.

Danach sollte es nicht mehr lange dauern, bis Filmstaden zu groß und veraltet war für die schwedische Filmindustrie. Immer öfter sollte die reale Welt Kulisse sein. Das Kinogeschäft rutschte mit der Verbreitung des Fernsehers ohnehin in die Krise. Viele Gebäude der Filmstadt in Solna wurden abgerissen. Das alte Studiogebäude beherbergt heute unter anderem ein Kino. Der Pavillon, in dem die Regisseure ihre Skripte schrieben, ist ein Restaurant. Und im alten Pförtnerhäuschen gibt es sehr leckere Waffeln. Das Café dort ist im Stil der guten alten Filmstadt-Zeiten eingerichtet, wie ein Wohnzimmer mit vielen Schwarzweißbildern von Stars. Und von deren Arbeit.

60

ZUG (PENDELTÅG) RICHTUNG UPPSALA BIS UPPLANDS VÄSBY, VON DORT MIT BUS 536 ODER 560 BIS RYTTARGATAN

Gunnes Wikinger-Farm

GUNNES GÅRD
RYTTARGATAN 270
194 71 UPPLANDS VÄSBY
GEÖFFNET APRIL-OKTOBER
(WECHSELNDE ÖFFNUNGSZEITEN)
WWW.UPPLANDSVASBY.SE/GUNNES
GUNNES.GARD@UPPLANDSVASBY.SE
DAS PROGRAMM FINDET MAN HIER:
WWW.FACEBOOK.COM/GUNNESGARD/

Häuser aus Holz, Dächer aus Stroh. Hühner laufen über die Wiese, und Estrid kümmert sich um das Feuer. Estrid heißt eigentlich Carolina, doch hier in *Gunnes gård* ist sie eine Wikingerfrau. Sie und ihre Kollegen zeigen den Besuchern, wie die alten Nordmänner tatsächlich gelebt haben. Denn die allermeisten Wikinger waren keine kriegerischen Seefahrer, Räuber oder Helden wie in den Büchern und TV-Serien. Sie waren schlicht Bauern.

Die Farm Gunnes gård steht nördlich von Stockholm in Upplands Väsby. Als nicht weit von dort die Europastraße E 18 gebaut wurde, haben sie tatsächlich einen alten Wikingerhof ausgegraben. Ihm ist Gunnes

gård genau nachempfunden. Zur Farm gehören drei Ställe, ein Küchenhaus und zwei Wohnhäuser mit Feuerstelle. Es gibt auch ein Lagerhaus und ein Grubenhaus, das halb in den Boden eingegraben ist und wahrscheinlich als Werkstatt diente. Die Besucher sehen in den Gebäuden, wie die Wikinger gekocht und geschlafen haben. Es gibt einen Garten mit Gewürzen und Gemüse, Kühe, Schafe, Hühner und Schweine. Wer mehr erfahren will, kann im Voraus eine Führung buchen oder einfach so vorbeikommen.

An vielen Wochenenden bieten die Mitarbeiter Kurse an, um das wahre Leben der Wikinger besser zu erklären. Sie zeigen dann, wie die Menschen früher geschmiedet, Wolle gefärbt und gewebt, wie sie gekocht haben. Für eine kleine Gebühr können die Besucher das oft selbst ausprobieren. Am ersten Wochenende im September gibt es einen Wikingermarkt. Und fast täglich darf man für 20 Kronen sein eigenes Brot am offenen Feuer backen.

Bei Gunnes gård wurden zwei Runensteine gefunden, vermutlich stammen sie aus den Jahren zwischen 1000 und 1050. Den ersten haben Huskarl und Vibjörn für ihren Vater Sibbe errichtet, von dem sie wahrscheinlich eine Farm erbten. Der zweite Stein zeigt, dass Vibjörn auf dieser Farm geblieben ist und die Tochter von Gunne geheiratet hat. Gunne muss ein wichtiger Mann gewesen sein, da er auch auf anderen Runensteinen dieser Gegend erwähnt ist. Es macht also Sinn, dass die Gemeinde Upplands Väsby ihre Wikinger-Farm nach ihm benannt hat.

Schärengarten

61

ABFAHRT VOM STRANDVÄGEN IN DER SAISON Z. B. MIT CINDERELLA-BOOTEN (CINDERELLABÅTARNA) VON STROMMA

Im Inselgarten

GRINDA
WWW.STROMMA.COM/SV-SE/STOCKHOLM/CINDERELLABATARNA/
GANZJÄHRIG MIT WAXHOLMSBOLAGET (Z. B. ABFAHRT VOM STRÖMKAJEN BIS SÖDRA GRINDA)
WWW.WAXHOLMSBOLAGET.SE
WWW.GRINDA.SE/DE

Die schönste Seite Stockholms ist der Schärengarten. Dort, wo die schwedische Westküste ausfranst und unzählige kleine Inseln sich weigern, der Ostsee das Feld zu überlassen. Mehr als 30 000 sollen es vor Stockholm sein, große und ganz kleine, bewohnte, unbewohnte, grüne und sandige Inseln, manchmal auch nur nackte Felsen, die ausgewaschen aus dem Wasser ragen.
Wer mit der Fähre vom Stockholmer Zentrum aus auf die Ostsee hinausfährt, der sieht noch über Stunden kein wirklich offenes Meer, denn die dicht gepflanzten Inselchen wachsen am Horizont zusammen. Der Ausdruck »Garten« ist gut gewählt. Wälder, Wiesen und Gärten, hüb-

sche Wohn- und Ferienhäuser säumen die Wasserstraße, die nun immer breiter wird. Gleichzeitig befreit die Seeluft und der hohe Himmel den Reisenden von der Enge des Alltags.
Natürlich hat es die Stockholmer stets hier raus gezogen. Astrid Lindgren verbrachte ihre Sommer in den Schären genauso wie Stieg Larsson, Tomas Tranströmer und August Strindberg. Immer wieder hat sich die einzigartige Landschaft in ihr Werk geschlichen. Manchmal füllt sie auch eines ihrer Werke ganz aus, wie bei Lindgrens *Ferien auf Saltkrokan* oder Strindbergs *Die Hemsöer*.
Weiter draußen sind die Inseln rauer und sandiger, andere sind erdiger und lieblicher. Jedes Eiland ist einzigartig und irgendwann findet jeder seine Lieblingsinsel. Bis dahin ist Grinda immer eine gute Idee. Denn Grinda liegt weit genug weg von der Stadt entfernt für echtes Inselgefühl, aber nah genug für einen Tagesausflug. Während der Saison braucht die Fähre knapp anderthalb Stunden. Außerdem hat Grinda alles, was auf eine gute Schäreninsel gehört. Es gibt dort Strände und Trampelpfade durch den Wald, Felsen, von denen aus man über das Wasser blicken kann, sommergrüne Wiesen fast wie in Småland und Schafe, die darauf grasen.
Nicht umsonst hat sich der erste Direktor der schwedischen No-

belstiftung vor mehr als hundert Jahren Grinda ausgesucht, um seiner Familie hier ein Sommerhaus zu bauen. In der Jugendstilvilla sind heute ein Restaurant und ein Hotel untergebracht. Sonst gibt es nicht viele Gebäude auf der Insel, kleine Sommerhütten, eine Jugendherberge, einen Hofladen, ein Bistro am Wasser, einen Kajak-Verleih. Man sollte allerdings vorher alle Öffnungszeiten im Internet prüfen.

62

GELBE SHUTTLEBUSSE FAHREN AB VASAGATAN 24 (T-CENTRALEN) EIN- BIS DREIMAL TÄGLICH ZUM ARTIPELAG

Kunst zwischen Kiefern

ARTIPELAG
ARTIPELAGSTIGEN 1
134 40 GUSTAVSBERG
TEL. 0046 8 570 130 00
WWW.ARTIPELAG.SE/EN
ERWACHSENE 185 KRONEN,
STUDENTEN 130 KRONEN

Lage ist alles. Das gilt für diese Kunsthalle mehr als für andere Immobilien. Das *Artipelag* hat seinen Standort sogar im Namen. Es liegt im Stockholmer Schärengarten, auf Schwedisch heißt diese Inselansammlung »*Arkipelag*«. Ein Kulturzentrum auf einer Felseninsel also, umgeben vom glitzernden Wasser der Ostsee und den immergrünen Kiefern Schwedens.

Finanziert hat die private Anlage der schwedische Unternehmer Björn Jakobson, Gründer von BabyBjörn, einem Hersteller von Kinderprodukten. Das Artipelag sollte ein Teil der Natur werden und kommt ihr hier so nahe wie nur irgendwie möglich. Der Felsen, auf dem die Halle gebaut ist,

bricht drinnen durch den Boden. Das Dach ist grün bepflanzt und ein Holzsteg führt an der Küste entlang zum Eingang.

Auch drinnen gehört das Draußen mit zum Konzept. Die Räume sind von großen Fenstern unterbrochen, so dass der Ausblick auf Wald und Wasser sich mit Gemälden und anderen Exponaten abwechselt. Auch die Ausstellungen wechseln. Oft zeigen sie skandinavische Künstler, häufig haben sie Naturthemen. Der eindrucksvolle Blick aus dem Fenster bleibt immer gleich.

Manchmal ist das Zusammenspiel zwischen Kunst und Archipel eindeutig. Eine frühere Ausstellung etwa hieß übersetzt »Niemand ist eine Insel«. Thema waren die Schären selbst und die Frage, wie die Kunst auf die Inseln kam und die Inseln in die Kunst. Auch für die Fotoausstellung »Land meets Water«, Land trifft Wasser, schien das Artipelag wie gemacht zu sein. Für andere Projekte dagegen sperren die Kuratoren die Natur sogar aus, hängen die Fenster zu, damit der Ausblick nicht ablenkt.

So oder so ist das Artipelag ein schönes Ausflugsziel. 20 Kilometer vom Stockholmer Zentrum entfernt, ahnt man dort bereits Schwedens Weite. Vielleicht wirkt das verwinkelte Gebäude selbst auch deswegen nicht so riesig, weil das Grundstück so großzügig ist. Man muss nicht unbedingt eine Karte für die Ausstellung kaufen. Man kann auch einfach ein Törtchen auf der Terrasse essen und den Ausblick genießen.

63

ÜBER DIE BRÜCKE MIT DEM AUTO ERREICHBAR

Die Insel von Pippi und Karlsson

FURUSUND
WWW.FURUSUND.SE

Die Insel Furusund war einst Kurort für wohlhabende Stockholmer. Noch heute zeugen die Holzvillen an der Uferpromenade von mondäneren Zeiten. Auf den Schotterwegen läuft man wie durch eine luxuriöse Gartensiedlung mit Meerblick, zwischen Zäunen, Hecken und Blumenbeeten entlang. Manchmal zieht gleich hinter den Gartenstühlen und Veranden eines der großen Kreuzfahrtschiffe vorbei. Die Fahrrinne Richtung Stockholm verläuft gleich zwischen Furusund und der Nachbarinsel Yxlan.

Das Sommerhaus »Stenhällen« (Steinplatte) gehörte anfangs Astrid Lindgrens Schwiegereltern. Die Schriftstellerin hatte

lange vor ihrem Erfolg in eine gutbürgerliche Familie geheiratet. Sie verbrachte viele Sommer mit ihrem Mann und den beiden Kindern auf Furusund. Später, als immer mehr Menschen immer öfter etwas von der berühmten Autorin wollten, wurde Furusund ihr Zufluchtsort.

Bis heute gibt es keine Hinweisschilder zu ihrem Haus, das die Familie Lindgren immer noch nutzt. Aber man kann es vom Steg vor dem früheren Zollhaus aus sehen. Es ist rot gestrichen und ein kleiner Balkon führt zum Wasser hin. Dahinter liegt Astrid Lindgrens Schlafzimmer. Oft saß sie dort schon frühmorgens und schrieb. Wahrscheinlich konnte sie dabei aufs Meer schauen, hörte die Möwen schreien und die Wellen gegen die Bojen klatschen. Die Natur ist hier so grandios wie überall im Schärengarten. Furusund, und das ist noch heute so, strahlt mit seinen hübschen Anwesen und der kleinen Hafenpromenade eine besondere Ruhe und Unbekümmertheit aus.

Auf Astrid Lindgrens Balkon gibt es eine kleine Nische, keinen halben Meter breit, mit einem Brett als Bank. Manchmal hat sie sich mit dem Kopf daruntergelegt und von unten auf die Bretter geschrieben. In dieses ganz besondere Tagebuch schrieb sie zum Beispiel im Jahr 1969: »Den ganzen Sommer Hitzewelle. Wahnsinnig trocken. […] Habe Pippi-

Lieder geschrieben. Sitze an Karlsson.« Auch wenn ihr Haus nicht zu besichtigen ist, lohnt sich der Spaziergang über die Insel. Wer weiß, vielleicht steht vor einer der bunten Holzvillen ja plötzlich ein Pferd auf der Veranda.

REGISTER

BILDNACHWEIS

Die Fotografien stammen von der Autorin; die Abbildung auf S. 214 wurde von Artipelag zur Verfügung gestellt.

S. 61: *Merror*, Evelyn Bencicova, Fotografiska.

S. 98: *Coppers*, 2019, Theresa Traore Dahlberg, Beckers Art Award 2019, Färgfabriken.